平凡社新書
862

目に見えない世界を歩く

「全盲」のフィールドワーク

広瀬浩二郎
HIROSE KŌJIRŌ

HEIBONSHA

目に見えない世界を歩く●目次

本書は大学共同利用機関法人「人間文化研究機構」と平凡社の連携出版プロジェクトによって刊行するものである。

序章　架空対談「目が見えない世界を生きる」

僕が大学に入学したのは一九八七年です。ふと気づくと、もう三〇年も前ということになります。二〇一四年度から僕は、母校である京都大学の新入生対象のポケットゼミ「障害とは何か」を担当することになりました。といっても、僕が引き受けているのは年に一度だけの特別授業です。僕の職場である国立民族学博物館（民博）に学生に来てもらい、雑談したり、いっしょに展示見学（触学）したりしています。この授業をいちばん楽しんでいるのは僕かもしれません。

現役の大学生からすると、三〇歳も年上の僕は、紛《まぎ》れもなく「おっさん」です。でも、おっさんは思います。学生だったころと、現在の自分を比べてみると、じつはそんなに変わっていないんじゃないかな。まあ、「変わっていない」というのはいい面、悪い面の両方があるわけですが。二〇一七年六月にも恒例のポケットゼミを行い、わいわい、がやがや、学生たちと対話しました。ポケットゼミで学生に語りかけていると、しばしば僕は不思議な感覚にとらわれます。「今、俺は三〇年前の自分に話をしているのではないか」。

以下では、三〇年という時の流れを「架空対談」を通じて振り返ってみましょう。この対談は、一人の視覚障害者の生き方を素材として、日本社会の変化を検証する試みでもあります。などという堅苦しい趣旨説明は横に置いて、まずは学生時代よりも見た目だけは一回り大きくなった（増量した）僕の回想にお付き合いください。

〈対談者紹介〉

広瀬イクジロー　一九歳。全盲歴六年。一九八七年、京都大学文学部に入学。晴眼者とともに学ぶキャンパスライフに戸惑いながらも、自分なりの生活スタイルを模索している。京都市内のワンルームマンションで一人暮らし。カノジョ大募集中。キーワードは「イク」（どこへでも行く、どんどん育つ）。

広瀬ヨクジロー　四九歳。全盲歴三六年。二〇〇一年、国立民族学博物館に就職。大阪に住んで一六年。関西弁は喋れないけど、オヤジギャグは得意。まだまだ元気で、やりたいこともたくさんあるが、時々定年退職までの年数を数えたりもする。キーワードは「ヨク」（よりよく生きる、翌日・翌年を信じる）。

障害者とマスコミ報道

ヨク　イクジロー君、大学入学おめでとう。もう友達はできましたか？　入学式前後には新聞、テレビの取材もたくさんあったようですね。

イク　盲学校は生徒数が少ないので、まず大学に入って、学生の多さに圧倒されました。キャンパス内を歩いて移動するのもたいへんです。授業で使う教室の位置をまだ完全に憶えていないので、学内でよく迷っています。まあ、習うより慣れよというやつで、迷いながら歩いているうちに、きっと一人でどこにでも行けるようになるのでしょう。

たしかに、マスコミ取材は多かったですね。中には、どこから情報を得たのか、合格発表前に自宅に来る記者もいました。「合格したつもりで答えてください」と言われても、僕は役者じゃないから困りますよね。あるテレビ番組のインタビューで「今、ほしいものは？」と質問され、とっさに答えが出てこないこともありました。友達とかパソコンと答えればよかったんでしょうね。「ほしいもの……、うーん、お金かな」と言ったら、さすがに放送ではその部分はカットされてました。

ヨクジローさんはマスコミ対応の経験は豊富なんですよね。どうも、僕は「全盲」というだけで新聞やテレビに取り上げられることに違和感があります。京都大学には毎年、二

○○○人以上の学生が入学しており、僕はその中の一人です。べつに、僕だけが特別のことをしたわけじゃない。「全盲のハンディを乗り越える」「奮闘する障害者」というマスコミの論調の背後には、過大評価と過小評価が混在しているような気がします。等身大の僕をちゃんと取材してほしいです。

ヨク　イクジロー君は真面目だね。新聞やテレビで紹介されれば、「ちょっとした有名人」になれるのだから、ありがたいことじゃないの。僕も大学院進学、博士号取得、就職など、人生の節目で取材を受けてきました。博物館で仕事を始めてからは、担当する展覧会や著作のことで、頻繁にマスコミのお世話になっています。最近はずうずうしく、こちらから取材をお願いするケースも増えたかな。

マスコミに登場する障害者は、「頑張る」か「かわいそう」のどちらかですね。僕自身は健常者に同情を求めるつもりはないし、彼らに勇気と希望を与える存在になりたいとも思いません。いわゆる「美談」を作りたがる記者の姿勢に疑問を感じることもよくあります。また、僕がマスコミで取り上げられる際、かならず「全盲」という冠が付くことについては、少々複雑な気分です。以前の拙著で、自虐的に「全盲でなければ俺はただの人」と書いたことがあります。二〇代、三〇代のころは、「全盲の広瀬」と書かれると、抵抗を感じることもありました。

でも、僕が全盲であるのは厳然たる事実です。そして、僕が何かを考える時、行動する時、この「全盲」が少なからぬ影響を及ぼしているのも確かでしょう。「全盲」を嫌う僕の心の中には、じつは「目が見えないこと」に対する負のイメージがあったのかもしれません。現在では「東京出身」「博物館勤務」などと同じように、「全盲」もごく自然に受け入れ、僕の冠の一つとして使っていきたいと思っています。

イク たしかに、マスコミで取り上げられることは僕の将来にとってマイナスではないし、同級生の女子学生から「新聞を見たわ」などと声をかけられると、単純に嬉しいです。これからも、いい意味でマスコミを利用しつつ、人生を楽しんでいくことにします。

ヨク 先ほど、マスコミに登場する障害者は、「頑張る」「かわいそう」のどちらかだと言いました。僕はここに「おもしろい」を加えたいと願っています。たとえば、僕が本を書いたり、展覧会を企画することが新聞に掲載される。イクジロー君も言うように、べつにそれは研究者としては当たり前のことで、本を書く人、展覧会を企画する人は他にいくらでもいるわけです。僕が晴眼者だったら、わざわざ新聞が取材に来ることはないでしょう。

しかし、僕の記事を読んだ晴眼者が「へえ、世の中にはこんなことをしている全盲者がいるんだ」と知って、自分の障害観を改めるのは重要です。「こんなやつもいる」「あんなやつだっている」という事例が積み重ねられていくと、「頑張る」「かわいそう」とは違う

京都大学の新入生に触学の授業をするヨクジローこと筆者

障害者像が社会に根付いていくような気がします。若いイクジロー君には、これからどんどん「おもしろい」ことをしていってもらいたいですね。

よく僕は「こそっと」「ちょこっと」「がらっと」という言葉を使って、障害者と社会の関係を説明します。一九七〇年代くらいまで、障害者は健常者に遠慮しつつ、社会の片隅で「こそっと」生きていた。八〇年代以降、徐々に法制度も整備され、障害者が「ちょこっと」自己主張できるようになった。社会は確実に成熟しています。一九八七年、全盲学生の京大入学が大々的にマスコミ報道されました。おそらく二〇一七年にイクジロー君が京大に入学したとしても、大騒ぎされることはないでしょう。この三〇年の間に、全盲者が大学に通い、晴眼者とともに学ぶことが一般的となったのですね。
　僕を含め、二一世紀を生きる障害者は、それぞれの立場で「こそっと」から「ちょこっと」への移行をめざし、工夫と努力を続けています。でも、「ちょこっと」で満足することはできません。「ちょこっと」の先には「がらっと」という段階があります。マイノリティが社会の常識、固定観念をひっくり返すのが「がらっと」です。視覚優位、視覚偏重の現代は、あらゆる社会システムが「見る」ことを前提として組み立てられています。その中で、マイノリティである視覚障害者が個性を発揮していくのはたいへんなことでしょう。社会の前提となる世界観、人間観に切り込み、パラダイムシフトを促すような仕事をしていきたいものです。

イク　なるほど。僕が大学に入っただけで「ちょっとした有名人」になれたのは、早く生まれた者ゆえの特権なのですね。社会や仕事がテーマになると、僕には少し難しいので、話題を「がらっと」変えることにしましょう。

自立は自律なり

イク　今、僕には悩みがあります。大学に入ってみて、周囲の晴眼者が視覚障害について何も知らないことにカルチャーショックを感じました。白杖《はくじょう》を持って学内をふらふら単独歩行していると、「そうか、一人で歩けるんだ」と驚かれる。学食に行ってランチをかきこんでいると、「一人でご飯を食べることができるんだ」と言われる。僕は雑食系で、好き嫌いもないので、食べ物は何でも残さずに平らげます。まさに、皿をなめるようにというやつです。カップラーメンのスープだって、全部飲み干します（これはちょっと意味が違うか）。

盲学校では歩行訓練を受けましたし、日々の生活の中で「視覚障害者として生きる」知恵を身につけてきたのです。晴眼者はそんな視覚障害者の実態を何も知りません。そして、多くの大人は「知らない＝できない」と決めつけてしまうのですね。子どもは自分が知らないことに出くわすと、素直に質問します。でも、大学生になると、素直に質問するということがなかなかできないようです。

僕は点字の教科書、参考書を使って勉強し、難関といわれる入学試験にパスしました。受験は点字出題・点字解答となりますが、試験の内容そのものは晴眼者と共通です。だから、大学合格は「晴眼者と同じことができる」自信を僕に与えてくれました。入学直後、僕の中では「完全参加と平等」の意識が強かったですね。「視覚障害者も晴眼者も同じ人間だ」「目が見えなくても、俺には何でもできるんだ」……。それだけに、周りの晴眼者の無理解・偏見は衝撃的でした。

ヨク　無理解・偏見とはちょっときつい表現だね。視覚障害者と晴眼者は日常的に親しく接する機会が極端に少ないので、お互いのことを「知らない」のは当然でしょう。視覚障害者はマジョリティである晴眼者との関わりの中で生きていくので、イクジロー君が言った「知らない＝できない」の決めつけはなかなかしんどい。今、イクジロー君は自らが持つ障害者像と、世間一般の障害者像のギャップに悩みを抱いているのですね。そもそも、障害者と健常者は同じなのか、違うのか。これは永遠のテーマでしょう。最近の僕は「違い」に力点を置いた活動を展開しています。イクジロー君は「同じ」という思いが強いわけですね。

イク　大学に入り、一人暮らしを始めて、僕は「自立」ということについて考えるようになりました。京都に来るまで、ずっと僕は東京で、家族といっしょに暮らしていたのです。まあ、客観的にみて少し過保護だったかなと思います。京大進学をめざすようになった理由はいくつかありました。その中でも大きかったのは、親元を離れて「自立」したいという願望ですね。この辺は目が見える・見えないに関係なく、青年期独特の感情なのでしょう。両親にはまったく不満がないし、京都への進学を認めてくれたことには感謝しています。

実家から仕送りしてもらっているので、経済的に自立できたとはいえませんが、洗濯・

掃除・食事など、一人でやらなければならないことは増えました。外食する際、僕はメニューが見えないので、店員さんに読んでもらいます。その店のお薦めメニューしか教えてくれない人もいるので、ここは多少の駆け引きが必要です（「上から三番目は何でしたっけ」「今日は豚肉が食べたいのですが」などなど）。スーパーに買い物に行けば、レジでサポートを依頼し、カップラーメンや牛乳、トマトジュースを買い込みます（ああ、わびしい食生活！）。

いちばん困るのは郵便物の処理です。マンションの居住者は学生ばかりなので、ポストには多種多様なチラシが入ります。時々ポケットティッシュが入るのはありがたいですね。チラシはなんとなく手触りでわかるので、ほとんど捨てています。スーパーの安売りなど、お得情報を見逃してしまうケースもあるでしょうが、それはしゃあないです。封筒に入った郵便物は大学に持っていき、友達に確認してもらいます。誰に、どんなタイミングで音読を依頼するのかはけっこう気遣いしますが、この駆け引きもおもしろいものです。急ぎの場合は、点字図書館のボランティアによる「読み書きサービス」を使うこともあります。

先日、封入された書類がポストの中にあったので、大学に持参しました。出席したのは午後の眠い授業です。たまたま同じ授業に出ていたクラスメートの女子学生に、書類の中身をチェックしてもらいました。一瞬の沈黙の後、「これ、アダルトビデオの広告みたい」。

一気に眠気が覚めました。「いや、べつに僕は……、ただ書類を……」。「読んだ方がいい？」と訊かれたので、どぎまぎしながら断りました。きっとヨクジローさんだったら、「それは重要な情報なので読み上げてください、大きな声で」と、堂々と頼むのでしょうね。

ヨク　イクジロー君は、僕のことをセクハラオヤジだと思っているようだね。女性の友達はそれなりにいるけれど、どうも最近の僕は中性化しているような気がする。「大阪のおばちゃんみたいだね」とよく言われます。まあ、つまりは人畜無害。「加齢臭　枯れてしまえば　無味無臭」でしょうか。

障害者が生きていく場合、健常者のサポートが不可欠です。健常者は、障害者がいなくても生きていけます。一方、障害者は、健常者がいなければ生きていけませんね。一人暮らしを始めたイクジロー君も、このことを実感しているでしょう。少し理屈っぽい言い方になりますが、人は一人では生きていけない（こんな歌詞が昔あったっけ）。生きていけないというのは、物理的な意味ではなく、精神的な部分です。人と人のつながり、関わりが社会を創り、人間を成長させます。

先ほど、イクジロー君は「駆け引き」という言葉を使いました。これは、コミュニケーションのスキルということでしょう。障害者の日常はコミュニケーションの連続です。つながり、関わりの網の中で日々生活している。細い糸でもいいので、とにかく四方八方に網を張り巡らし、したたかに、しなやかに生きるのが障害者なのですね。

インターネットなどの普及により、現代社会はフェイス・トゥー・フェイスのコミュニケーションが不足しているといわれます。他人と上手に付き合うことができない人が増えてきました。そんなコミュニケーション不全の社会だからこそ、障害者の役割は重要でしょう。イクジロー君にはこれからも失敗を恐れず、どんどん周囲の人に声をかけ、つながり、関わりを築いていってほしいですね。アダルトビデオ、大いに結構！（ああ、また誤解されちゃうかな）。

イク　応援ありがとうございます。やはり、「大阪のおばちゃん」はパワフルですね。僕も、一人で何でもできることが自立ではないと思います。言い方は悪いけど、周りの晴眼者の「目」をうまく借りながら暮らしていく。ヨクジローさんがおっしゃる「網」をいかにして作り、育てていけるのかが自立のポイントですよね。良好なつながり、関わりを維持するためには、人としてのモラル、マナーが大事ではないでしょうか。

盲学校時代、ある恩師に次のようなことを言われました。「視覚障害者は絶対数が少ない。世間の晴眼者は、あなたを見たら、それが視覚障害者というものなのだと認識してしまう。だから、常に視覚障害者代表という気構えを忘れず、自分の行動と発言には責任を持ちなさい」。こう言われた時、高校生だった僕は「べつに、俺は視覚障害者の代表になんかなりたくないし、もっと気楽にやっていきたい」と感じました。ようやく今、何千人もの晴眼者の中で、視覚障害者は僕だけという大学の環境に身を置いて、恩師のアドバイスの真意が理解できたような気がします。自立とは自律なりというのはちょっと大げさでしょうか。

ヨク イクジロー君が「自立＝自律」の精神でモラルとマナーを磨いていくのは大切ですね。マイノリティ集団に帰属する個人には、否応なくコミュニティを背負う役割が付与されます。これは、海外で暮らす日本人などにも当てはまる図式でしょう。この役割がプレッシャーになることもあれば、やりがい、自信の源泉として働くケースもあります。まあ、実際には視覚障害者集団も十人十色。目が見えない人といっても、さまざまなわけですが。集団・個人のアイデンティティをＴＰＯに応じて使い分け、「気楽にやっていく」のが理想でしょう。なんだか、倫理の教科書的な話になってきましたね。少し話題を変えましょうか。

点字で考え、パソコンで書く

ヨク さて、人とのつながり、関わりを広げていく上で、大学生にとってサークル、クラブ活動は重要ですね。イクジロー君は、もうサークル、クラブに入りましたか？

イク　はい、点訳サークルと居合道部《いあいどう》に所属しています。点訳サークルには点字や視覚障害者に関心がある学生が集まっているので、友達作りの場として、たいへんありがたいですね。隔たりなく僕に接してくれるサークル員が大半で、「一人で歩けるの？」といった質問をする人はいません。

京都大学の点訳サークルは、学生ボランティアとしては伝統があり、視覚障害学生の学習権保障を掲げて、地道に活動を続けてきました。一九七〇年代には、関西地区の大学にたくさんの視覚障害学生が入学します。でも、点字の教科書や参考書はほとんどなく、視覚障害学生は自力でなんとかしなければなりませんでした。そういった視覚障害学生を支援することを目的として、各地の大学で点訳サークルが発足します。京大のサークルは、関西地区の大学に在籍する視覚障害学生のリクエストを受け、教科書、専門書の点訳に取り組んできました。仏和辞典を点訳した実績もあるそうです。

僕は現在、英語の教科書の一部を京大のサークルで点訳してもらっています。昨今はパソコンによる点訳が可能となり、また主婦層を中心とするボランティアも力をつけてきました。大学の点訳サークルは、どちらかというと従来の点字の資料作りではなく、視覚障害学生との交流に力点を置く傾向が顕著です。この硬派から軟派への転換は、時代の進歩として喜ぶべきなのでしょう。

僕は京大の点訳サークルにとって、最初の視覚障害学生です。点訳をしてあげる・してもらう関係ではなく、同じサークルの仲間というスタンスで歓迎されました。ちょっと頼りないですが、他大学の学生の教科書点訳に当たっては、僕が校正を担当したりもします。僕がサークル員となった当初、上級生たちは「点字のプロがきた」と言って、僕に期待しました。入部直後は点字の表記・分かち書きのルールについて、しばしば質問されたものです。ところが、英語のネイティブスピーカーは英文法のことがよくわからないのと似ていて、僕たち点字ユーザーは感覚、慣習で分かち書きをしています。いい意味でも悪い意味でも、「いいかげんな」点字を読み書きしているのです。

これは喜ぶべきか悲しむべきか、なんとも複雑ですが、最近ではサークル内で僕が点字のルールを尋ねられることがだいぶ減りました。サークルには「点字の主」みたいな晴眼の先輩がいて、点字表記法については僕よりもはるかに詳しい。いわゆる点字マニア、オタクですね。僕が「この部分は分かち書きした方がいい」「ここの表記はどちらでもいいかなあ」などと言うと、すかさずその「主」が「『日本点字表記法』の○○ページにはこう書いてある」と指摘します。いいかげんな僕は、あえなく粉砕されてしまうのです。

「主」の中には、僕よりも点字タイプライターを打つのが速い人がいて驚きます。負け惜しみになりますが、点字マニアって、ちょっと変な人が多いですね、ほんとうに。まあ、世の中を変革するのは変人なのだから、点訳サークルは変わり者の集団でいいのかもしれませんね。

ヨク　きっと今、イクジロー君はパソコンを使って、自力で墨字（視覚文字）が書けることに感動・興奮しているでしょう。視覚障害者のパソコン利用が拡大するのは、一九八〇年代後半です。現在、僕は職場で、そして自宅で日々パソコンに向かっています。パソコンを使っているというよりも、パソコンに使われているという方が適当でしょう。僕の仕事において、大量のEメールを処理することが大きなウェイトを占めています。

　考えてみると、僕が盲学校に在籍していた一九八〇年代前半まで、全盲者は点字しか使えませんでした。点字は、視覚障害者が自力で、迅速かつ正確に読み書きできる文字として、たいへん優れています。その点字の最大の弱点は、社会の多数派である晴眼者との互換性がないことです。たとえば、僕が点字で本の原稿を書いて出版社に送っても、内容云々という以前に、誰も読んでくれませんね。点字の弱点を克服し、視覚障害者と晴眼者の情報共有を可能としたのがパソコンなのです。

イク　そうか、パソコンがなければ、ヨクジローさんの仕事は成り立たないことになりますね。僕も一回生の前期試験から、音声ワープロソフトでレポートを作成し、大学に提出するようになりました。まだパソコンに不慣れなので誤字も多いけど、自分の手で、晴眼者が読める文字を自由に書けるのはすばらしい。僕が盲学校に入ったころ、自分で墨字を書くなんて、夢のまた夢でした。技術革新ってすごいですね。

ヨク　パソコンは視覚障害者のライフスタイルを激変させました。イクジロー君にはパソコンを駆使し、自分の思いを積極的に発信してもらいたいですね。その一方で、僕は視覚障害者の文化として、点字を守っていきたいとも考えています。便利なパソコンが視覚代行機器として定着し、点字の重要度は相対的に低下しました。「点字離れ」といって、点字を読まない・読めない視覚障害者が増えています。ただでさえ視覚障害者はマイノリティなので、点字離れは晴眼者の活字離れよりも深刻ですね。僕もパソコンの画面音声化ソフトを介して、厖大な情報を音声で得ています。趣味の読書でも、点字本ではなく、いつでも気楽に利用できるデジタル録音図書を好むようになりました。

といっても、僕は古い人間なので、今でも本や論文の原稿は点字で書いています。紙に書いた点字を指先で確認しつつ、パソコン入力するのです。点字は一点ずつ、一文字ずつ書き進めていきます。点が文字となり、文となる。また、指を上下・左右へ自由に動かし、能動的に読むことができるのも点字の特徴です。点字は人生と同じだなあと思います。行きつ戻りつ、じっくりと。点を積み上げ、知識を体得する。先が見えないからこそおもしろい。点字は視覚障害者の生き方のシンボルです。イクジロー君にも「考える文字」である点字を大事にしてほしい。そして、点字ユーザーとなったことにプライドを持っていただきたいですね。

イク　点字を読み書きすることが、視覚障害者として生きる自信につながる。よくわかりました。点字の「reader」が視覚障害者コミュニティ、ひいては社会全体の「leader」へと成長・進化できたらいいですね。まずは僕が「点字の主」、変わり者のリーダーになれるよう、しっかり精進します。

夢は座頭市！

ヨク　もう一つ、居合道部の話も聞かせてもらいましょう。視覚障害者のオリジナリティにこだわるのが点字だとすれば、晴眼者と同じことができる事実を証明するのが居合道なのかな。

イク　居合道部に入部した動機は単純です。僕は小学生のころから時代劇、チャンバラが大好きでした。なんとか合法的にチャンバラをやってみたいというのが少年期から変わらない僕の夢です。居合がどんなものなのか、詳細はわからないけど、刀にさわってみたかった。たまたま同級生が居合道部に入ったと聞いて、僕も入部説明会に参加してみることにしました。

居合道は多様な型に従い刀を振る武道、いわば一人で行うチャンバラです。「これなら、目が見えなくてもできるぞ」と確信し、すぐに入部を決意しました。でも、クラブの上級生たちは「全盲者が刀を振り回す」ということで、かなり心配したようです。僕が怪我をするだけなら、それは自己責任ということで、問題はないでしょう。もしも僕が変な方向に刀を振って、他人に怪我をさせてしまったら!?　歩く、食べるといった日常動作に比べ、刀を振るのは難易度が高いですね。居合道部の先輩方が、特別に視覚障害に対する理解が深いというわけではありません。そりゃあ、先輩たちも自分が痛い思いをするのは避けたいですよね。

僕にとってラッキーだったのは、居合道部が弱小クラブであること。僕が入部した当時の居合道部は、四回生が五人、三回生と二回生がそれぞれ一人ずつという状況だったのです。まさに廃部寸前。「このままではクラブがつぶれてしまう」「どうにかして新入生を勧誘しなければ」という危機感がありました。「目が見えなくても新入部員には違いない。とりあえず頭数を揃えなければ」。こんな事情で、僕の入部はあっさりと認められました。

ヨク　視覚障害者の場合、新しい環境に慣れるまでに、晴眼者以上の時間がかかります。慣れてしまえば、後は「普通」に動けるものです。僕は毎日、公園内を歩いて、博物館に通勤しています。園内では自動車に接触する危険はなく、単独歩行は快適です。ただし、だだっ広い園内を一五分ほど歩かなければなりません。就職して一年くらいは、目印ならぬ耳印、足印が定まらず、よく迷っていました。公園の散歩は気持ちいいものですが、「ここはどこ」状態でふらふら歩く（歩かされる）のはちょっと辛い。散歩ではなく、惨歩ですね。今では自分なりの耳印、足印が確立し、園内で惨歩することはなくなりました。

「俺は目をつぶっていても通勤できるぞ」と威張っています。

イクジロー君も居合の型を習得するためには、やはり時間がかかるでしょうね。日本の芸道には「守破離」という言葉があります。居合でも「破」の段階まで到達すれば、きっと視覚障害のハンディはなくなるはずです。僕も太極拳、テコンドー、ヨガなど、いろいろな武道、スポーツに挑戦してきました。下手の横好きというやつですね。この二〇年ほどは合気道の道場に通っています。合気道は力に頼らないソフトな武道です。たぶん、定年退職後も続けられるのではないかと思っています。守破離でいうと、現在の僕は「守」と「破」の間をうろうろしている程度のレベルでしょうか。

視覚障害者が晴眼者に交じって、新しい娯楽、スポーツに取り組む際、マイナーな競技を選ぶのがいいかもしれません。もちろん、好きなことをやるのが基本ですが、「どこで」「誰と」という点は晴眼者以上に慎重に検討しなければならないでしょう。僕は海外を含め、合気道の道場を四か所ほど経験しています。最初の道場が比較的少人数だったので、じっくり基礎を身につけることができました。

大阪で通っている道場は門人の数が多く、毎回の稽古もハイレベルです。初心者の時、いきなり今の道場に入門していたら、合気道を続けることができたかどうか、自信はありません。イクジロー君がマイナーな居合道部を選んだのは偶然だと思いますが、どうやら視覚障害者に適した環境みたいですね。人数が多いクラブで、みんなが刀を振り回していたら、かなり危ないし、視覚障害者はのびのびと動くことができませんよね。

イク　入部説明会で、京大居合道部は「国立大学最強」と聞きました。すごいですよね！でも、後で先輩が小さな声で教えてくれました。国立大学には居合道部が一つしかない、と。「最強＝最弱」というわけですね。部員数が少ないということは、補欠もいない。つまり、ちょっと頑張れば演武大会、対外試合に出場できるのです。僕の武道修行は始まったばかり。座頭市をめざし、稽古に励みます！

「無視覚流」の生き方

ヨク　座頭市はフィクションですね。根強い人気があるのはなぜでしょうか。イクジロー君は、座頭市のような盲目の剣豪っていると思いますか？

イク　うーん、難しいのではないでしょうか。武道において、何といっても視覚は最重要です。敵の動きは目で見て把握します。「こんな人がいたらおもしろい」という庶民の願望から座頭市は生まれました。しかし、この願望の背後には「こんな人、いるわけないよね」という冷静な分析、冷めた目があるような気がします。剣豪にとって、盲目とは致命的な弱点です。だからこそ、その弱点を逆説的に利用して活躍する座頭市は、庶民のヒーローなのでしょう。

僕は居合道の初心者ですが、道場では視覚障害によるハンディを痛感しています。まず、居合の型を習い覚える際、「見て真似をする」ことができない僕は、明らかに不利です。僕が一つ一つの型をマスターするためには、晴眼の同級生以上に時間がかかるのは間違いありません。まあ、他人と比べてもつまらないので、ゆっくり、のんびり自分のペースで居合を楽しむつもりです。

刀を振りつつ動いていると、方向を失うことがよくあります。前後・左右の動きなら大丈夫ですが、斜めに進むと、自分のポジションがわからなくなる。型の演武が終わって、元の位置に戻れなくなることも珍しくないですね。先ほど、耳印・足印の話が出ました。たしかに、道場の畳の縁、床の木目を足裏で感じながら動けば、ある程度は自分で方向を確認・修正できます。また、人間には障害物知覚があるので、壁に近づけば音の響き、空気の流れの変化で事前に衝突を察知・回避することも可能です。でも、座頭市は屋外で、複数の敵と斬り合うこともありますよね。方向がわからなくなるだろうし、雑踏や雨天では音の響き、空気の流れも使えないでしょう。やはり、座頭市は無理ですよ。

ヨク　実際に武道を経験しているイクジロー君ならではの鋭いコメントだね。説得力があります。イクジロー君の意見は正論ですが、ここで僕はあえて「座頭市はいる、いてもおかしくない」と主張したい。僕は三〇年近く、趣味で武道を続けてきました。続けているといっても、道場で稽古ができるのは一週間に一度とか二週間に一度なので、客観的にみて、たいしたレベルではありません。自分の稽古を振り返ってみると、たしかに初期段階では「視覚を使えない」ハンディが大きかったですね。ところが、守破離の「破」の領域に入ると、今度は「視覚を使わない」強みが生まれてくる。

たとえば、居合道では「仮想敵」をイメージするのがポイントですね。各流派に伝承される型では、一人で空《くう》に向かって刀を振ります。その際、刀を漫然と「振る」のではなく、「斬る」意識をどれだけ持てるのか。つまり、心の中に敵を想像し、その敵と対峙しているリアリティをどこまで実感できるのかが大事なのです。仮想敵は目で見ることができません。目に見えない物・者を想像する点において、視覚障害はハンディとはならないでしょう。むしろ、余計な情報に惑わされず、自分の内面との対話に集中できるという面では、

「視覚を使わない」方が有利かもしれません。

達人は視覚で見るのではなく、身体全体で感じて動きます。視覚は重要ですが、すべてではない。殺気という言葉がありますが、気は目に見えないものの代表でしょう。耳印、足印を捕捉する身体センサーを磨いていけば、座頭市になるのは夢ではないと、僕は大真面目に信じています。まあ、まだまだ半人前の僕が言っても、同門の友人に笑われそうですが。

おそらく僕は「視覚を使わない」武道の極意には到達できず、中途半端な武道家、座頭市志望の変人で終わってしまうでしょう。守破離の「離」に至るのは長く険しい道程で、凡人には至難の業です。それでも、楽天家の僕は、自分の流派名だけは決めています。以前は無手勝流をもじって「無目勝流」と称していました。でも、そもそも武道は勝負を争うのが目的ではありませんね。最近は無目勝流をやめて、「無視覚流」を名乗っています。

イク　なかなかいいですね。僕も無視覚流の弟子になりたいなあ。ヨクジローさんの話をうかがっていて、思い出したことがあります。受験勉強をしている時、僕たちが読める点字の参考書、問題集は限られていました。英語の辞書だって自宅にはないので、盲学校の図書館で調べたものです。晴眼の受験生は書店に行けば、自分の好きな本を自由に選ぶことができます。僕たちも「あの参考書がいいらしい」「新しい問題集が出た」と聞けば、それらを使ってみたいですよね。しかし現実は、各教科で一冊ずつ参考書を決めて、それを点訳してもらうだけで精いっぱい。点訳には時間と手間がかかるので、一人の受験生が同時に何冊もの依頼を出すことはできません。受験生のころは、勉強面でも視覚障害者にはハンディがあるなあと感じていました。

盲学校の先生方は、以下のようなアドバイスで僕たちを励まします。「晴眼者は複数の参考書に頼るので、どうしても目移りしてしまう。おまえたちは一冊の本を隅から隅まで、繰り返し勉強する。あれもこれもと、手移りできないからこそ、真の実力が身につくんだ」。「手移りできない」は痩せ我慢だろうと、当時の僕は考えていました。選択肢が多いことは、幸福であるのは疑いないですね。とはいうものの、自分で大学受験を経験してみて、手移りできないゆえの真剣さ、そこから生まれる深い洞察力があることを体感しました。無視覚流は武道だけではなく、人間の生き方にも当てはまりますね。「視覚を使えない」から「視覚を使わない」へ。なんだか、居合の道場に通う楽しみが増えたような気がします。

ヨク　僕は無視覚流の師範ではありませんが、先達として修行を続けるつもりです。中年太りには気をつけて（もう遅いか?:）、身体と精神を鍛えます。三〇年後、僕は七九歳。ナクジローだね。二〇四七年にイクジロー・ヨクジロー・ナクジローの鼎談《ていだん》ができたら最高でしょう。もちろん、ナクジローの「ナク」は、悲しくて泣くのではなく、嬉し泣きですよ！

イク　さあ、それでは僕はこれから、本書の読者とともに、ヨクジローさんの最近の研究と実践の報告をじっくり聞かせてもらいましょう。お酒を飲みながらと言いたいところですが、僕は冷たいお茶で。みなさんも好きな場所、スタイルで広瀬ヨクジローの独演会をお楽しみください。

第一章

目が見えない人は、目に見えない世界を知っている

1　「見えない」との付き合い方

目が見えないからこそできること

いきなり国語の試験問題のようで恐縮ですが、次のような問いを考えてみました。

問い　以下に示す三つの言葉の意味の違いを説明せよ。

①目が見えない世界
②目で見えない世界
③目に見えない世界

みなさんの答えはいかがですか。模範解答にはなりませんが、この問いに対する僕の意見を記してみましょう。僕は一三歳の時に失明しました。眼底出血により、一週間ほどの短期間で目が見えなくなってしまったのです。「目が見えない」世界は、僕にとって居心地のいいものではありませんでした。今まで当たり前にできていたことが、急にできなくなります。学校内でも柱・ドア・机など、雑多な物にぶつかるようになりました。こんな世界にいたくないと思っても、視力は回復しないので、「目が見えない」状態に慣れるしかありません。

「目が見えない」世界は、「目が見える」人にとっては異文化です。一三歳の僕は、本人の意思を確認されることもないまま、この異文化に放り込まれてしまいました。「目が見える」多数派の中で、「目が見えない」少数派が生きていくとは、日々異文化体験のフィールドワークをしているようなものです。文化人類学者となった現在なら、自己の状況を客観的にとらえ、「目が見えない」世界の探検を楽しむこともできるでしょう。しかし、中学生の僕にはそんな余裕はありません。

僕は盲学校での種々の経験を通じて、どうにかこうにか「目が見えない」世界で暮らしていく自信を得ることができました。全盲となった僕に勇気と希望を与えてくれたのは、盲学校の同級生たちです。全盲のクラスメートが点字を読んでいる、一人で通学している。「あいつにできるなら、俺だって」。仲間がいることは、安心感と負けん気をもたらします。僕は盲学校の同級生との交流を経て、「目が見えない」世界に少しずつ親しんでいきました。

盲学校の体育の授業では、聴覚・触覚などを駆使して、さまざまな競技に挑戦します。

少人数のクラスなので、先生のチェックは厳しく、サボることはできません。当時は球技・水泳・マット運動などを「させられる」と感じていましたが、今では「させてもらった」と感謝しています。とくに、最初に走り幅跳びをした時の感動は忘れることができません。小学生時代、弱視だった僕には、幅跳びの踏切板がよく見えませんでした。「危ないから、走り幅跳びは無理」。僕自身も、周囲の大人もそう考えていたのです。小学校の走り幅跳びの授業は見学するか、または立ち幅跳びに変更してもらっていました。

ところが盲学校では、全盲者が助走の歩数を数え、自分で距離を決めて走るのです。僕もおっかなびっくり助走のスタート位置を決め、歩数を数えてジャンプ。砂場に着地できた時は興奮しました。このようにして、「できること」を一つずつ増やしていき、僕は自他ともに認める「目が見えない」世界の住人となったのです。

僕は盲学校で「目が見えなくてもできること」がたくさんあるのだと知って、自信を深めていきます。海外に留学した際、最初は英語が喋れなくて苦労する。でも、数か月経つうちに日常会話ができるようになり、外国生活を楽しむゆとりが出てくる。こんな経験をした人は多くおられるでしょう。失明と留学は、異文化体験という面で共通点があります。盲学校にいれば、「目が見えない」ことを深刻に受け止める必要はありません。「目が見えない」ことは、たいした問題ではない。無意識のうちに「目が見えない」ことを軽視しようという方向に心が働きます。「目が見えない」世界もそんなに悪くないぞと感じられるようになったのは、盲学校に在籍した六年間の僕の成長、大きな進歩といえるでしょう。

そんな僕の心境が変化するのは大学入学後です。大学に入ってみて、僕は晴眼者との違いに戸惑います。そして、あらためて自分には「できないこと」が多いのだと気づくのです。点字の本がない、黒板の文字が見えない、セルフサービスの学食は使いにくい……。社会はマジョリティの論理で成り立っていることを思い知らされました。大学でも、僕は友人、ボランティアの協力を得ながら、「できること」を増やしていくのですが、その内容は盲学校時代とは異なります。盲学校では自分との比較、大学では他者（晴眼者）との比較によって、「できる／できない」が決定されるということです。

大学三回生で日本史の専門課程に進んだ時、「目が見えなくてもできること」を増やす努力・工夫には限界があるのだと悟りました。日本史学科では、古文書を解読することが必須とされます。全盲、点字使用者の僕には、古文書を自力で読むことができません。それなら、ボランティアに点訳・音訳を頼めばいいわけですが、古文書をすらすら読める晴眼者は限られています。学科の同級生は、くずし字の用例辞典などを使って、古文書の解読に習熟していくのに、僕は「読めない」苦境で立ち往生したままです。目が見えなくても、晴眼者と同じことができるという僕の確信、人生観は揺らぎました。「目が見えなくてもできること」ではなく、「目が見えないからこそできること」を探していこう。僕は発想を転換し、研究者としての道を模索することになります。

古文書を「読めない」を「読まない」に変換し、聞き取り調査などを行うことで、僕は今日まで、なんとか研究者として歩んできました。フィールドワークをする際、僕はいつも「目が見えないからこそできること」を自分のやり方で探究しています。「目で見えない」世界において自己の強みを発揮しようという心情が、僕の研究を支えているともいえるでしょう。

たしかに、森羅万象は無数の「目で見えない」ものによって構成されています。しかし、「目で」という部分にこだわっている間は、常に僕の頭の中に「視覚障害」があることを認めなければなりません。「目で見えるもの」（晴眼者）>「目で見えないもの」（視覚障害者）。この不等号の背後に存在するのは、「目で見える」ものを認識できない自分には「障害」があるという価値観・人間観です。「障害」は、「目で見えない」ものを求める僕のバイタリティになった一方、何かができない壁にぶつかった時は、言い訳としても機能しました。

「障害」を自己正当化の言い訳には使いたくない。でも「目で見える」ものから疎外される不自由・不便の要因が「障害」にあると考えれば、納得できるし、気持ちも楽になる。

「目が見えない」世界では「見えない」事実を軽視しようとしたのに対し、「目で見えない」世界では「見えない」を重視していたのかもしれません。「晴眼者＞視覚障害者」の不等号を逆転させたいという思いで、試行錯誤を繰り返していたのが僕の二〇代、三〇代だったと総括できるでしょう。

暗中模索で研究

僕は青年期から壮年期へ移行する過程で、さまざまな研究と実践を積み重ねてきました。職場である国立民族学博物館（民博）の教職員の中で、視覚障害者は僕だけです。日々の仕事、会議などでは、晴眼者との違いに悩むこともよくあります。「目が見えない」ことをきちんとアピールしていかなければ、周囲の理解は得られません。一方、「目で見える／見えない」の相違に拘泥《こうでい》するのも、あまり生産的とはいえないでしょう。たとえば、「すべての会議資料は点字で提供すべきだ」「館内各所に点字ブロックを敷設してほしい」などの要望は正論かもしれません。でも、実際には費用的・時間的に実現が困難なケースもあります。会議で資料を音読してもらう、移動時に同僚のサポートを頼む。こんな処世術も大切でしょう。

「できない」を「できる」に変えていく姿勢も大事ですが、四〇代の僕は今、「できない」

を率直に認め、自然体で生きていきたいと考えています。一般に、人間が生活しているのは「目に見える」世界です。近代以降、人類は「目に見える」世界を拡張することが進歩なのだと信じてきました。しかし、視覚でとらえることができる事物は表面的なものです。「目に見えない世界∨目に見える世界」。少し宗教っぽくなりますが、人間は「目に見えない」世界で生かされている。広くて深い「目に見えない」世界に飛び込み、一生かけて研究してみたい。二〇代、三〇代の僕は文字どおり暗中模索で研究を続けてきましたが、ようやく最近になって「自分がやってきたこと」「自分がやるべきこと」を整理できたような気がしています。

「目に見えない」世界の入口へと僕を案内してくれたのは、研究で出会った琵琶法師《びわほうし》・瞽女《ごぜ》など、盲目の宗教・芸能者です。そして、博物館でユニバーサルな（誰もが楽しめる）「さわる展示」を企画・実施する経験を通じて、僕は「目に見えない」ものの意義を実感しました。

「目に見えない」世界を研究対象とする際、視覚障害の有無はまったく関係ありません。「目に見えない」世界においては、そもそも「見えない」ことが大前提なので、視覚障害は無視できるのです。僕は、自身が視覚障害者であることに過度にとらわれず、「目に見えない」世界を自由に動き回り、のびのびと遊んでみたいと思っています。「視覚障害の有無は関係ない」と書きましたが、「目が見えない」「目で見えない」領域で格闘してきた僕の体験は、「目に見えない」世界に迫る研究にとって、きっとプラスになるでしょう。

本書は、「目で見えない」世界を研究してきた僕が、「目に見えない」世界へと一歩前進する挑戦の記録です。前半では、盲目の宗教・芸能者の歴史について概説します。学術的な調査報告ではなく、僕の感想、エピソードを中心に記述してみました。人間の心は、「目に見えない」ものの代表です。琵琶法師・瞽女たちの心象風景を読者にお伝えできればと願っています。

本書の後半は、僕の博物館活動の紹介です。博物館に展示されるモノは、それぞれ「目に見えない」物語を持っています。この物語をどうやって、どこまで伝えることができるのか。「目に見えない」世界を身体で感じることが、「さわる展示」の要諦だといえるでしょう。まず本章の第1節では、「目に見えない」世界にアプローチする方法は多様であることを述べ、その一例として最近の娯楽の変化に言及します。未来を展望した後は過去の検証です。第2節では「目に見えない」をキーワードとして、僕の研究の原点を振り返ります。

さて、冒頭の問いに対する解答がずいぶん長くなりました。これでは、採点以前に字数オーバーで失格でしょう。ここまで述べてきたことを簡潔に要約します（以下の解答では、読者の方々から満点はもらえないかな)。

①目が見えない世界＝障害の軽視 (弱点を克服する)
②目で見えない世界＝障害の重視 (弱点を強みに変換する)
③目に見えない世界＝障害の無視 (強・弱を超越する)

道を何気なく歩いている時、五七五の川柳が浮かぶことがあります。僕が歩くリズムは五七五に合っているのかもしれません (三三七拍子なら、もっと威勢がいいかな)。それでは、僕といっしょに道を歩く気分で、左記の「盲人川柳」を音読してみましょう。きっと、「目に見えない」世界を体験することができるはずです。

【「目に見えない」世界を体感する盲人川柳】

〈心情編〉

見えなけりゃ 耳を澄まして 手を伸ばし
手を伸ばし 杖で確かめ 進む道
進む道 ぶつかり迷い 切り開く

切り開く 未来は見えぬ みな同じ
みな同じ それでもどこか 違う俺
違う俺 だからおもろい 一人旅
一人旅 食べて喋って 聞き歩き
聞き歩き 目は口ほどに 物言わぬ
物言わぬ 世界を訪ね 摑み取り
摑み取り 指の記憶が 体内に
体内に 探して出合う 可能性
可能性 さあどうしよう 見えなけりゃ

〈生活編〉
目覚めれば ボタンを押して 知る時間
朝食は 鼻と口とで 確かめる
色は無視 手触り任せ 服選び
外に出て 肌で感じる 晴れ曇り
通勤路 杖一本で 早歩き

職場では 足音目がけ ご挨拶
自分では 必要ないが 電気点け
パソコンが 声で読み上げ 文書処理
会議中 ちょっと点字で 内職を
空腹で 集中力も 鈍りがち
帰り道 四季折々の 風を嗅ぐ
夜の家 見えぬテレビで 一休み

視覚障害者が映画を楽しむ

みなさんは視覚障害者の趣味・娯楽といえば、何をイメージするでしょうか。読書、音楽鑑賞、スポーツ観戦、手芸……。晴眼者とともに登山、マラソン、旅行などを楽しむ視覚障害者も増えています。僕の周囲には食べ歩きが好きな仲間が集まっていますが、これは「類は友を呼ぶ」というやつでしょう。川柳・俳句を得意とする人も多くいます（先述の我が川柳はストレートすぎて、ひねりが足りません）。本項では、「目に見えない」世界を堪能する新たな娯楽・趣味の最前線をレポートしましょう。

二〇一七年五月、河瀬直美監督の映画『光』が一般公開されました。この映画の主題は、視覚障害者向けの副音声解説の作成です。副音声解説とは、画面を見ることができない視覚障害者のために状況説明をするサービスであり、一部のテレビ番組等でも採用されています。近年、各方面で注目されているのは、映画の副音声解説を聴くことができるスマートフォンのアプリです。

従来は決められた日、決められた場所に行って映画を楽しむ「バリアフリー上映会」が、視覚障害者対象のイベントとして各地で試みられていました。僕の学生時代（一九八〇～九〇年代）にはバリアフリー上映会はありません。晴眼の友人、家族といっしょに年に一度か二度、映画館に行く程度でした。映画館では晴眼の同行者が適宜、状況説明をしてくれるわけですが、上映中は小声で喋っても目立ってしまいます。実際、隣席の他人から「うるさい！」と注意されたこともありました。また、ラブシーンで親切な友人の説明が急になくなり、場面が把握できなくなったのは、ほろ苦い思い出です。「ラブシーンを見ることができないのだから、金返せ」と言うつもりはありませんが、やはり映画のストーリーから取り残されると、損をした気分になります。

まだ映画の本数は限られていますが、スマホのアプリに対応した作品であれば、いつでも、どこでも映画を鑑賞できる環境が整ってきたのは嬉しいことです。ポップコーンを食べながら、誰に気兼ねすることもなく、視覚障害者が映画をじっくり味わう。いい時代になったなあと、しみじみ感じます。二〇一六年に施行された障害者差別解消法の影響もあり、視覚障害者への「合理的配慮」として、副音声解説に関心を持つ映画監督、配給会社も確実に増えてきました。おそらく、「趣味は映画鑑賞です」と堂々と発言する視覚障害者が今後どんどん出てくるでしょう。

映画『光』では、主人公の晴眼女性が、中途失明した男性との交流を通じて、副音声の意味を追求していきます。「副音声解説とは、単に映画の場面（視覚情報）を言葉で説明するものではなく、受け手の視覚障害者の想像力を理解し、それを最大限引き出すガイドである」「解説においては主観的な描写は避け、あくまでも客観的な情報提供に終始する」。こういった原則が『光』のストーリー展開に合わせて、自然な形で鑑賞者に伝えられます。

そもそも、人間にとって「光」とは何なのか。そんな哲学的な考察をし始めると、本映画について、僕には多少の不満・疑問があります。さらに、中途失明者の生活紹介、心理描写では、もう少し綿密な取材が必要だったのではないかというのは、視覚障害の当事者である僕の素直な思いです。辛口コメントはさておき、『光』が視覚障害者も映画を楽しむことができる事実を広く社会に知らしめた意義は大きいでしょう。この作品を通して、テレビ・映画における副音声解説が普及・定着することを願っています。

それでは、副音声解説とは、視覚障害者限定のバリアフリー的な取り組みなのか、あるいは健常者をも巻き込むユニバーサルな映画の標準装備となりうるのでしょうか。「副音声解説は出演者の台詞の合間にうまく挿入されるので、晴眼の鑑賞者にとっても邪魔にならない」「副音声解説を聴くことにより、出演者の微妙なしぐさ・表情など、見ているだけでは気づかない発見があった」。これらは、多くの健常者に共通する意見です。同様に、バリアフリー上映会では、聴覚障害者向けに付与された字幕が、聞き取りにくい台詞、固有名詞の確認に役立つという話も耳にします。啓発を目的として、字幕とともに副音声を会場全体に流すバリアフリー上映会も珍しくありません（通常の副音声は、希望者のみがイヤホンで聴取する形式です）。

最近では「副」音声という表現を嫌い、あえて「オーディオ・ディスクリプション」「音声ガイド」という言葉を使用する関係者もいます。二〇一六年一一月、あるバリアフリー上映会のチラシに掲載された僕のメッセージを以下に引用しましょう。副音声解説はユニバーサルな娯楽になるという意識を持って執筆したものです。

かつて琵琶法師や瞽女など、盲目の芸能者は〝音〟と〝声〟で鮮やかな情景描写をしていました。彼らの〝語り〟を聴いた健常者は、さまざまな物語の場面を想像・創造することができたのです。琵琶法師・瞽女は、視覚情報を聴覚情報に変換するアーティストだったといえるでしょう。

バリアフリー上映とは、視覚障害者が映画の音声情報と副音声解説を元に、各人各様の「見えない絵」を心に〝映す〟知的作業です。聴覚障害者が映画の画面と字幕情報から「耳ではとらえられない音風景」を心で〝画《えが》く〟のも、バリアフリー上映の醍醐味でしょう。見えない・聞こえない不自由を見ない・聞かない解放感に変換するのが、バリアフリー上映の眼目です。想像力・創造力を総動員するという点で、見ない映画鑑賞と聞かない映画鑑賞は共通しています。

見ない／聞かない映画鑑賞法が新たな娯楽として健常者に受け入れられた時、真のユニバーサル社会が生まれるのではないでしょうか。琵琶法師・瞽女たちの精神を二一世紀の今日に復活させることができるのは、この会場に集う〝映す〟人、〝画く〟人なのです！

右記のメッセージを寄稿する時、僕の中には次のような思考がありました。①バリアフリー上映会とは、これまで映画を鑑賞する機会が少なかった視覚障害者や聴覚障害者に、副音声・字幕などの「合理的配慮」を行う事業実践である。②バリアフリー上映により、目が見えなくても、耳が聞こえなくても、みんないっしょに映画を満喫することができる。

③しかし、バリアフリーの発想にとどまっていては、副音声・字幕は障害者（マイノリティ）に対する特別な支援というレベルで終わってしまう。④副音声・字幕をユニバーサルな施策として各方面に広げていくには、健常者が視覚障害者・聴覚障害者の鑑賞法を実体験することが肝要だろう……。

たしかに、副音声や字幕付きの映画はまだまだ数が少なく、世間の認知度も低いのが現実です。先の僕のメッセージは、副音声・字幕の重要性を健常者に訴えるという点において、一定の役割を果たしたでしょう。でも二〇一七年に入り、スマホを使って副音声付きの映画を相次いで楽しむ中で、僕の認識は少し変化しました。現在の僕は、副音声解説とは基本的に視覚障害者用のサービスであるべきだと規定しています。ただし、希望する晴眼者がいれば、いつでも副音声を提供できる環境整備は必須でしょう（それゆえスマホのアプリ活用は、現状では最善の方法といえます）。僕が「副音声＝視覚障害者用」と再解釈・再評価するようになったのは、耳での鑑賞と目での鑑賞の違いを実感したからです。次項では、この違いについて概説します。

ラジオドラマのルーツは『平家物語』

見る時は外にいる、聴く時は内にいる。映画を見る鑑賞と聴く鑑賞の違いを一言で要約すると、このようになるでしょうか。僕が副音声解説を聴きながら映画を楽しむ場合、しばしば出演者とともにドラマの中に入り込む感覚にとらわれます。自分も映画のストーリーに参加しているような錯覚は、視覚では感じにくいものです。画面を見て映画鑑賞する際、大半の晴眼者はドラマの外にいて、出演者の動きや景色を追いかけています。つまり、聴く人は「参加者」、見る人は「観察者」なのです。

たとえば、料理を作る音を聴けば、「参加者」は実際に自分が鍋やフライパンに向かっているような気になります。物を食べるシーンでは、音が臨場感を盛り上げるという点に関して、晴眼者にも異論はないでしょう。「聴く＝参加」という身体感覚は、視覚障害者固有のものではありません。そもそも聴覚情報は、音の波動が耳から体内に入り、鼓膜を振動させることによって心・頭に届きます。目は瞬時に、大量の視覚情報を捕捉することができますが、そこには「体内に入り込む」波動はないでしょう。

今日でも一部のおばけ屋敷などでは、視覚を遮断し、暗闇で3Dサウンドを駆使して、恐怖を演出する仕掛けがみられます。これは「体内に入り込む」聴覚の特徴をうまく活かしたエンターテインメントです。映画の副音声解説とは、視覚情報を言葉（音声）に置き換えることにより、鑑賞者の「参加者」意識を助長する装置ともいえるでしょう。

視覚優位の現代社会ではあまり顧みられることがありませんが、ラジオドラマは聴覚を刺激する娯楽でした。画面がないからこそ、ラジオの聴取者はドラマに没入することができたのです。目が見える・見えないに関係なく、万人が「参加者」になれるのが、ラジオドラマの人気の秘密なのではないでしょうか。ラジオドラマの効果音を拡大・再生産したのが、視覚障害者用の副音声解説なのかもしれません。晴眼者が映画に「参加」したければ、目をつぶり、出演者の台詞、背景音、そして副音声解説に耳を傾けてみましょう。比較的容易にラジオドラマの中に入り込むことができるはずです。

時代を遡っていけば、日本には話芸の伝統が存在します。音と声を介して、聴衆に「参加者」意識をもたらすのが多種多様な話芸、聴覚芸能です。この聴覚芸能をもっとも得意としていたのが琵琶法師・瞽女など、盲目の職能者でした。ラジオドラマのルーツは中世の『平家物語』にあると僕は考えています。

もちろん視覚には、聴覚にない利点もたくさんありますし、映画鑑賞においては「観察者」の目線も大切にすべきです。元来、映画やテレビ番組は視覚による受容を前提として創造されます。己が持つ視覚を総動員して画面を見つめ、「目に見えない」世界をも想像するのが映画鑑賞本来の醍醐味でしょう。やはり、音と声のみで映画を味わう視覚障害者の鑑賞法は傍流なのです。

しかし傍流とは、反主流でも非主流でもありません。傍流は、時に物事の本質を浮き彫りにし、主流に強烈なインパクトを与えます。ここで僕が提案したいのは、映画の「観察者」（主流）と「参加者」（傍流）の対話です。副音声解説とは、視覚障害者が晴眼者と同量・同質の情報を得て、映画を楽しむためのツールではありません。盲人芸能、ラジオドラマなどを想起するまでもなく、音を聴く世界には、視覚では得られない広さと深さがあります。副音声解説とは、画面の視覚情報を聴覚情報に変換する「効果音」作りであると総括できるでしょう。副音声作成は、福祉的な文脈で論じるのではなく、翻訳・異文化間コミュニケーションとして位置づけるのが適当です。

　同じ映画を同じ場所で見た人、聴いた人が、それぞれの印象を語り合う。「観察者」と「参加者」の協働により、映画鑑賞はユニバーサルな娯楽として成熟するでしょう。僕は視覚芸術に新たな魅力を副《そ》えるという含意で、これからも自信を持って「副音声」の語を使い続けていくつもりです。

2　障害当事者としての歴史研究

「目に見えない」障害者の歴史

僕は日本史専攻を希望して、一九八七年に京都大学の文学部に進学しました。日本史を選んだ理由は二つあります。一つはチャンバラ、時代劇ファンだということ。小学生のころから戦国武将の伝記を読むのが大好きで、高校時代は司馬遼太郎作品に熱中していました。今でも、歴史小説を自分で書いてみたいと思ったりもします。大学で居合道部に入った当初、「この体験を活かして小説を書くぞ」と、本気で考えたものです。視覚描写が困難なので、世界的にみても、盲目の小説家はなかなか育ちません。「死ぬまでに一冊くらい歴史小説を書いてみたい」という僕の野望（無謀？）は、身の程知らずでしょうか。

日本史専攻を決めた第一の理由は、目が見える・見えないに関係なく、単純に歴史が好きということです。「好き」というのは、長く勉強を続けていく上で大事でしょう。日本の歴史を学ぶなら、やはり京都にはあこがれます。盲学校の修学旅行で京都を訪れた時、京都弁（関西弁？）を喋る女性の声を聞いて、「ああ、いいなあ。こんな所で勉強してみたい」と思いました。高校二年の秋です。残念ながら、京美人とのご縁はありませんでしたが、京都で学生時代を過ごすことができて、ほんとうによかったなあと感じます。

余談になりますが、視覚障害者にとって美人とはどんな人なのでしょうか。やはり声、喋り方は最重要です。自分でも、できるだけ大きな声で明るく、はきはきと喋るように心がけています。見た目に惑わされず、その人の内面をしっかり「みる」ことができるのは、視覚障害のメリットかもしれません（でも、やはり美人の顔、しぐさを見てみたい願望はあります）。見えなくても感じられる魅力、美人の雰囲気をとらえるのも無視覚流の極意なのでしょう。ちなみに、僕が「美人」と聞いて思い浮かべるのは山口百恵です。小学生時代、弱視だった僕は百恵ちゃんの顔をぼんやりと見た記憶はありますが、それが美人なのかどうか、判断できません。でも、百恵ちゃんの喋り方は、僕の耳に「美人」を感じさせるものでした。

美人論を続けると、脱線・暴走しそうなので、日本史の話題に戻りましょう。日本史専攻の第二の理由は、盲学校の教師からの影響です。その先生の授業の中で、次のような話がありました。単なる雑談だったのかもしれませんが、僕には忘れることができない鮮明な印象が残っています。「障害者の歴史は重要な分野なのに、研究が少ない。歴史を遡っていけば、前近代の社会は医学が未発達だったので、人口の割合としては、今よりも多くの障害者がいたはずだ。しかし、今日の歴史教科書では、障害者の姿がほとんど紹介されていない。障害者の歴史は、当事者であるおまえたちがきちんと研究しなければ、忘却され、消えてしまう」。この日本史の授業以来、ずっと障害者の歴史が気になっています。

日本史の教科書に登場する障害者といえば、『平家物語』を創造・伝播した中世の琵琶法師、江戸時代の盲目の国学者・塙保己一《はなわほきいち》くらいでしょうか。『天平の甍《いらか》』で有名な唐招提寺の鑑真《がんじん》は、いわゆる中途失明者です。おそらく、視覚以外の身体、知的など、他の障害者は取り上げられていません。教科書は健常者の歴史に終始しているといっても過言ではないでしょう。

教科書に障害者の歴史が記述されない理由は二つあると思います。一つは史料が少ないこと。障害者、とくに全盲者は自分で文字を書き残すことができません（日本点字の考案は一八九〇年です）。実証主義に基づく歴史学では、史料がなければ研究にならないでしょう。障害者の生活の実態については、わからない部分が多いのは確かです。

次に、教科書の執筆者について考えてみましょう。教科書を書いているのは、大半が大学教授、研究者です。彼らの中に障害者はほとんどいません。執筆者の日常生活において、障害者との接点がなければ、教科書に障害者が出てこないのは当然でしょう。「知らない＝書けない」がいつの間にか「知らない＝書かない」となるわけです。僕は日本史の教科書を書きたいとは思いませんが、障害当事者として歴史研究に携わる責任は強く感じています。

大学入学から三〇年が過ぎました。一〇代、二〇代のころの意気込み、志は、好奇心・

行動力を持続する上でも大切です。「何のための研究か」という意識は、常に念頭に置くべきだと、自分に言い聞かせています。ただし、使命感・責任感だけでは研究を継続することができません。障害者の歴史を研究するのなら、それがおもしろい、好きだという気持ちがなければ、いい研究はできないでしょう。肩に力を入れず、日本史専攻の第一・第二の動機をうまくミックスさせて、ユニークな研究テーマを探していきたいと願っています。

イタコに教わった人生に臨む姿勢

僕が研究者になることを決意したきっかけはいくつかありますが、本章ではそのうちの一つを紹介しましょう。修士論文で僕が取り上げたのは東北地方のイタコ（盲巫女）です。一九九一・九二年の夏休みに、宮城・岩手・青森で盲巫女の聞き取り調査をしました。当時から今日に至るまで、僕のポリシーは「論文は足で書く」です。若者（世間知らず）の勢いで、地元の教育委員会、資料館などに電話し、片っ端から協力を依頼しました。「全盲の大学院生の調査を手伝ってやろう」という親切な郷土史家がけっこういて、移動や宿泊を含め、調査で困ることはあまりなかったです。電車を乗り継いで、恐山《おそれざん》の大祭に行くこともできました。

イタコは厳しい修行により、シャーマンとしての能力を獲得します。死者の霊と交信し、その言葉を語る「口寄せ」が、イタコの憑依《ひょうい》現象の特徴でしょう。村落共同体において、イタコは占師、治療師、カウンセラーとして、重要な役割を担ってきたのです。僕が恐山の大祭に行った時も、炎天下、多くの人がイタコの口寄せの順番待ちをしていました。

正直、僕にとって興味があるのはイタコの歴史だけです。口寄せは儀礼的なもので、信憑性はない。インチキだろう」。合理主義者（？）の僕は、「口寄せ＝迷信」と軽く考えていたのです。イタコへのインタビューも兼ねて、僕は口寄せを体験してみることにしました。待つこと一時間余、やっと僕の順番です。僕は「亡くなった祖父を呼び出してください」と頼みました。イタコは数珠をまさぐりながら、呪文（巫歌）を唱えます。そして一言。「おじいさんが降りてきたくないと言っている」。不真面目な合理主義者も、さすがにちょっと怖くなりました。心を入れ替えて、再び待つこと一時間。隣のイタコに口寄せを依頼すると、今度は素直に祖父の霊が降りてきました。

イタコは鏡のようなものだといわれます。依頼者が真剣に願えば、その心がイタコに伝わり、鏡の反射のように死者からのメッセージが届く。依頼者に邪心があれば、返ってくるメッセージもおざなりなものになります。イタコは修行により、「目に見えない」世界をみることができる鏡を手に入れるのです。恐山の大祭を訪ねた当時、僕は博士課程に進学するかどうか決めかねていたし、研究手法も未熟でした。二番目のイタコの口寄せの内容は通俗的なもので、ほんとうに祖父からのメッセージなのか、よくわかりません。しかし、最初のイタコに言われた「おじいさんが降りてきたくない」という言葉は、強烈な一撃でした。口寄せの真偽はさておき、イタコに研究、そして人生に臨む姿勢を教えられたような気がします。

自分の中にある「目に見えない」想念に言葉を与え、それを文字で表現する。本を書くということは、僕の生業です(本で生活費を稼いでいるわけではないので、ライフワークくらいが適当でしょうか)。イタコではありませんが、僕にとって読者の方々は鏡だと思います。不特定多数の鏡に向き合いつつ、僕は本を書いてきましたし、今後も書いていくでしょう。イタコの「目に見えない」力に倣って、人の心を動かすメッセージを鏡にぶつけていきたいものです。

無視覚流の大先輩

少し唐突ですが、ここで僕の告白を聞いてください。僕は一三歳までは弱視だったので、地域の普通小学校に通っていました。徐々に視力が低下し、中学から盲学校に通うことになります。盲学校に入学する日、「盲学校には行きたくない。いやだな」という不満が僕の心を支配していました。それまで通っていた小学校の友人と別れて、自分だけ電車通学しなければならないのがさびしかったということもあるでしょう。

　でも、それだけではありません。「盲学校は目の見えない人ばかりが集まっている暗い学校だ。僕は視力が下がってきて、そんな暗い学校に通わなければならない。ああ、僕ってかわいそう……」。大学入学当時、僕は「健常者の無理解・偏見」などと息巻いていましたが、じつは僕自身も盲学校に対し、歪んだ先入観を持っていたのです。

　この先入観から、子どもの発想は飛躍します。「今、自分が盲学校にいるのは、世を忍ぶ仮の姿だ。いつかはきっと、また晴眼者と同じ世界に戻ってくる。だから、盲学校にいる間は、けっして同級生の女の子のことを好きにならないぞ」。子どもらしいといえばそれまででしょうが、ちょっとかわいくない三段論法です。自分でも笑ってしまうけれど、これは一二歳の僕にとって真剣な決意でした。

　ところが入学後、三日もしないうちに、この決意はあっさりと崩れ去るのです。同級生の女生徒の声に耳を澄まし、「あの子がいいなあ」と、ふらふら恋をしてしまいました。なんとも、いいかげんなやつです。言い訳になりますが、盲学校はちっとも暗くなく、「普通」の学校でした。

　同級生は目が見えない、見えにくいというだけで、個性は多彩です。授業も点字を使う、板書がないことを除けば、とくに大きな変化は感じません。休み時間はクラスメートがテレビ番組、スポーツ、アイドル歌手の話で盛り上がっています。そうそう、僕の中高時代は松田聖子・中森明菜の全盛期でした（どんなアイドルも、「永遠の美人」百恵ちゃんには勝てないかなあ）。盲学校での六年間、僕は「普通」の同級生とともに青春を謳歌するのです。まあ、固い決意が三日しか持続しない我が性格の「柔軟性」があったからこそ、新しい環境にすぐに順応できたのでしょう。と、あくまでも合理的な（？）自己評価をしておきます。

目の見えない女の子がイタコの師匠に弟子入りする際の心境は、僕の盲学校入学時の気持ちに似ているのではないでしょうか。僕は、盲学校で視覚以外の感覚を使って生きるテクニックを習得しました。同様にイタコも最初は消極的な選択かもしれないけれど、「目に見えない」世界をみる修行を通じて、死者の霊、生者の心を映す鏡の能力を磨くのです。

僕は障害者史を研究するに当たって、当事者性を重視していきたいと考えています。当事者同士だから言えること、聞き出せることがあるでしょう。当事者性は、僕にしかできない、僕だからできる研究を追求するキーワードとなるはずです。イタコは「これしかない」という極限状況で、厳しい修行に真剣に取り組みます。前近代の東北地方では、盲女性の職業はイタコが唯一のものでした。イタコになれなければ、共同体内で生存していくことができない。僕もマスコミ的には「奮闘」しているわけですが、イタコに比べれば生ぬるい。イタコの修行は文字どおり生きるか死ぬか、命がけの闘いです。精神的にも肉体的にも追い込まれた最終段階で、盲女は己の守護神と出会い、シャーマンとなります。

現実世界では「目が見えない者」が、神憑《かみがか》りを介して、「目に見えない物」（霊魂）をみることができる。このような逆説的な民間信仰が、日本独特の盲人文化、イタコという生業を育んだのです。イタコは無視覚流の大先輩ともいえるでしょう。彼女たちは社会の前提を「がらっと」ひっくり返すことができる職能者だったのです。

僕たち障害者はマイノリティですから、一人で何ができるのか、どんな時、どのようなサポートが必要なのか、具体的に健常者に伝えていかなければなりません。地道な作業ですが、「知らない＝できない」の図式を改変していくには、これしかないでしょう。マイノリティからの発言、発信がなければ、社会を変えることはできません。障害者が「できること」を明示していく時、歴史に根ざす議論を展開するのが不可欠でしょう。僕はこれからもイタコや琵琶法師の研究を続けていくつもりです。それと同時に、じつは三〇年前の自身の生活・学習環境を客観的に分析し、史料として残すことも大切な仕事だと思っています。十年一昔といいますが、三〇年前は、もうすでに歴史研究の対象となるわけです。

二〇代の僕にとっては、今日一日を悔いなく生きることが第一で、人生は上り坂でした。

「どこへでも行く」「どんどん育つ」というイクジロー方式で、僕は研究者としての道を歩み始めたのです。五〇歳目前の現在、僕は人生の折り返し地点を通過し、そろそろ研究ライフも後半戦。イタコではない僕には、自分が後どれくらい生きるのか、予想できません。残り時間が確実に減少するからこそ、今日よりも明日がよくなる、翌日・翌年はもっと明るいと信じています。自分自身がよりよく生きるために研究と実践を積み重ね、その成果が社会全体をよりよくする。ちょっと青臭いけど、人類の未来に翌日、翌年をもたらすような研究者でありたいと願っています。さあ、欲張りなヨクジローの人生、研究はこれからが本番です。「目に見えない」世界が、全盲の僕の眼前に広がっています！

【コラムⅠ】視覚障害者の制服試論

幸か不幸か、僕の半生は制服との縁がほとんどなかった。中高時代を過ごした東京の盲学校には制服がなく、就職後も学生と同じようなラフな服装で日々通勤している。スーツを着るのは年に数回程度である。そもそも、全盲の視覚障害者にとって制服とはどんな意味を持つのだろうか。

制服の機能として、「見せる」と「乗せる」の二つがあると思う。周囲の様子が見えない僕が苦手なのは「見せる」方である。学会や研究会に出かける際、他の参加者がどんな服装をしているのかは気になる。自分だけ場違いな服を着ているのではないかという不安。さらに、それを自力で確かめることができないもどかしさ。視覚障害者には、他人の視線に惑わされず好きな服装を選ぶことができる自由がある一方、見た目を客観的に判断できない不自由も付きまとう。「自分は○○である」と周囲に向かって宣言するのが制服の第一の目的といえるが、残念ながら「見せる」点において、制服は自由かつ不自由な視覚障害者には通用しない。

次に制服の第二の機能である「乗せる」については、視覚障害の有無はあまり重要ではないだろう。制服を身に着けることによって、「自分は××である」というモードに入るケースは多い。このモード変更が「乗せる＝その気にさせる」という意味である。学生服、スポーツ選手のユニフォーム、さまざまな職種の仕事着など……。じつは、制服との付き合いがない僕も、毎週一回、「乗せる」を体感している。僕は学生時代からの趣味で武道を続けているが、稽古着（道着）は制服の一種といえよう。現在、僕は週一ペースで合気道の道場に通っている。合気道では初段を取得すると、袴の着用が認められる。つまり、袴は有段者であることを他者に「見せる」目印の働きを有している。

しかし、それだけではなく、袴には自分自身を鼓舞する活力が内包されているのも確かである。「ああ、今日は疲れているし、稽古が面倒だなあ」と感じていても、袴を着ければ身も心も引き締まる。平凡な日常に刺激を与えるという面で、制服の「乗せる」力は大切だろう。

視覚障害者にとって、「見せる」「乗せる」の両面で制服と同じような役割を果たしているのが白杖である。古今東西、目が見えない者は歩行時に杖を使用する。日本中世の絵巻物にも、杖を頼りに各地を旅した琵琶法師の姿が描かれている。視覚代行のツールとして、杖は視覚障害者の安全確保には欠かせない。

それでは、なぜ視覚障害者が用いる杖は白いのか。白杖の誕生については諸説あるが、第一次大戦後、各国で自動車の交通量が増加するのに伴い、盲人用杖が白くなったようだ。

白は目立つので、「ここに視覚障害者がいるから注意してください」と呼びかけるのに最適と考えられたのだろう。道を尋ねたり、横断歩道を渡る際、僕も白杖を他人に「見せる」ことを心がけている。白杖は視覚障害当事者には「白状」する勇気を、社会の多数派である健常者には「薄情」ならぬヒューマニズムを求めるシンボルと位置づけることができる。

合気道の袴とは少し性質が異なるが、白杖が視覚障害者を鼓舞することも忘れてはならない。一般に、中途失明者は白杖に強い抵抗感を抱く。僕自身も、弱視だった中学一年生のころは、白杖を持つことを拒否していた。不特定多数の人に「僕は視覚障害者です」とわざわざ白状する白杖の使用には気乗りしなかった。できれば健常者と同様に、街中をさりげなく歩きたいというのが、視覚障害者の願いである。ところが、全盲になると開き直るしかない。完全に失明し、白杖を握って盲学校の門を出た時、大げさに言うなら「視覚障害者として生きる」覚悟ができたのかもしれない。

家や研究室では自分の障害を意識することは少ないが、白杖を片手に外出すれば、僕の心身は視覚障害者モードに切り替わる。そして、白杖に乗せられた僕はフィールドワークのために、日本全国のみならず、海外にも出かけている。白杖は視覚障害者の歩行補助具として限定的に使われるので、デザインはシンプル、バリエーションもない。もっとおしゃれな杖、目が見えている人がほしくなるような白杖があればいいのに。目が見えなくても、「見せる」のは楽しいはずである。おしゃれな白杖を持って街を颯爽と歩く視覚障害者が増えれば、世間の障害観も変化するに違いない。

第二章　〈触常者〉という立場

1 「触常者宣言」を読み解く

「視覚障害」を研究するとは

僕は盲人史の研究者を志し、京都で学部・大学院生時代を過ごしました。卒業論文で中世の琵琶法師を取り上げたのが研究の出発点です。盲人史は史料がきわめて少ないこと、また視覚障害者は文献調査、とくに古文書の読解にハンディがあること。この二つの理由により、僕は学部生のころから我流でフィールドワーク、聞き取り調査をするようになりました。

卒論準備のために、九州地方に残存する地神盲僧《じしんもうそう》の方々に直接お会いし、いろいろ話をうかがったのは懐かしい思い出です。一九九〇年代初頭には、まだ現役の盲僧が何人かおられました。卒論では「九州地方に現存する地神盲僧こそが、中世の琵琶法師の姿を今日に伝えている」と力説しましたが、なんともお恥ずかしい内容です。論証が不十分で、思いだけが先走った論文ですが、研究者の基本となる好奇心と行動力は人一倍あったような気がします。

修士課程までは前近代、とくに中世の盲人史研究を中心とし、九州や東北の現地調査を繰り返していました。博士課程では、近代宗教史にも取り組むようになります。新宗教関係の論文をいくつか書きました。被差別体験、神憑りなど、新宗教の教祖と琵琶法師・イタコ（盲巫女）には共通する性質があります。当時の僕の中には、視覚障害者だから盲人史の研究をするというのでは、研究者としてのスケールが小さくなってしまうという思いがありました。若いうちにさまざまな分野の研究をしておけば、盲人史を複眼的にとらえることができるようになるのではないかという期待があったのも確かです。

二〇〇一年に僕は国立民族学博物館（民博）に就職します。民博着任後は、自分のプロフィールなどで「文化人類学専攻」と書くようになりました。文化人類学は幅広い学問で、民博の同僚の研究も千差万別です。「何でもあり」というのが文化人類学の奥深さ（わかりにくさ）だと思いますが、僕が「障害＝異文化」と考えるようになったのは、やはり民博の同僚との交流がきっかけでしょう。本書の各章の記述は、よく言えば文化人類学的な研究報告です。悪く言えば、実証的な歴史研究からかけ離れた雑談ということになるでしょうか。第二章は、研究者である僕の自己紹介です。僕の個人史と日本の盲人史をリンクさせる試みとなります。どうぞお楽しみください。それでは、最初に「触常者宣言」についてお話しします。

【触常者宣言】

触常者とは〝考える〟人である。

視覚は瞬時に大量の情報を入手できるが、その視覚を使えない触常者は、日常生活において種々の不利益を被ってきた。視覚を使えない不自由が差別につながる悲劇も経験した。しかし、触常者は情報の量ではなく質の大切さを知っている。触文化（さわって知る物のおもしろさ、さわらなければわからない事実）の魅力を熟知するのも触常者なのである。たとえば、彫刻作品にゆっくりさわってみよう。触覚の特徴は、手と頭を縦横に動かして、点を線、面、立体へと広げていく創造力にある。じっくり考え、少ない材料から新しい世界を創り出す。見常者たちに〝考える〟楽しさを教えることができるのが触常者なのだ。

触常者とは〝交わる〟人である。

日本中世の琵琶法師は文字を媒介としない語りの宇宙に生きていた。彼らは、あたかも源平合戦の歴史絵巻が眼前に展開するかのように、『平家物語』を口から耳へ、耳から口へと語り伝えた。琵琶の音と鍛え抜かれた声。そんな聴覚情報を自由に視覚情報に変換していたのが琵琶法師の芸能だった。また東北地方のイタコ（盲巫女）は、見常者たちが見ることができない死者の霊と交わり、その声を聴いていた。視覚を使わない生業、便利な視覚の束縛から解放された所に五感の豊かな交換、交流の醍醐味があった。視覚優位の現代社会にあって、全身の皮膚感覚を駆使して生活する触常者の経験、〝交わる〟境地こそが必要とされている。

触常者とは〝耕す〟人である。

ルイ・ブライユはフランス軍の暗号にヒントを得て点字を考案した。六個の点で仮名・数字・アルファベット・多様な記号を表現できる点字は、触常者の柔軟な思考力から生まれた触文化の象徴である。触常者は、社会の多数派である見常者が使っている線文字が読めないために苦労を強いられてきた。だが、逆に見常者は点字を触読することができない。触常者は視覚を使わなくなった代わりに、触覚の潜在能力を開拓し、光に邪魔されることなく点字を読み書きしている。見常者が忘却してしまった広範で深遠な五感の可能性を〝耕す〟触常者の英知が、人間社会の明日を切り開く。

かつてある社会事業家は『光は闇より』と題する著作の中で、自己の失明体験を素材として宿命感（闇＝過去）から使命感（光＝未来）への転換を主張した。彼は使命感を持って戦中、戦後の日本で愛盲運動を組織し、障害者福祉の指導者となった。また、ある視覚障害者施設の創設者は「盲目は不自由なれど不幸にあらず」と述べ、全盲者として生きてきた人生を客観的に振り返った。彼は視覚障害に起因する読めない、歩けない、働けないなどの不自由の解消をめざし努力を続けた。

では、視覚障害とは使命感を持って克服すべきもの、あるいはさまざまな意味での不自由（マイナス）を抱え込まざるをえない苦境なのか。偉大な先人の業績に敬意を表すると同時に、僕たちは使命感、不自由からの決別を高らかに宣言しよう。じっくり考え、自由に交わり、広く深く耕す。二一世紀は触常者の提示する世界観、人間観が積極的に発信できる時代である。今、触常者が育む〝考〟〝交〟〝耕〟のダイナミズムが僕たちの生き方を熱くする。時につるつるとしなやかに、時にざらざらとしたたかに。そんな手応えある生命の躍動を求めて！

「触常者宣言」の背景

この宣言は、二〇〇九年に刊行した拙著『さわる文化への招待』（世界思想社）の巻末に収録されています。客観的に考えると、未熟な僕が書く本だから、そんなに売れるはずがない。研究者は本来、ベストセラーではなく、ロングセラーをめざすべきです。僕が書いた本が図書館の蔵書となり、二〇年、三〇年後に、見知らぬ人が手に取ってくれる。「未来の読者を想定して本を書く」と言えば少々大げさですが、僕は自分の研究を書籍の形にまとめることにこだわっています。

未来につながる研究書を理想としつつも、やはり俗物なので、本が売れないよりは、売れた方が嬉しいわけです。いつも、本を書き始める時は「売れる・売れないは二の次だ」と思っているのに、書き進めるうちに「もしかすると、今回は売れるかもしれない」「きっと売れるぞ!」と、どんどん勝手な妄想が増幅していきます。この妄想は常に裏切られてきましたが、能天気な著者はまったく学習しません。まあ、「今度こそ」という熱い思い(根拠のない自信?)を持って、本を書き続けるのは悪いことではないと、自分を慰めています。

二〇〇九年の「触常者宣言」の公表時には、大きな手応えを感じました。この宣言は広く世間に受け入れられ、社会を変える起爆剤となるに違いない。愚かにも、僕はそう信じていました。いうまでもなく、世の中はそんなに甘くない。「触常者宣言」の発表から八年が過ぎましたが、相変わらず僕は無名の研究者、能天気な俗物のままです。「社会を変えていくのは簡単ではない」「だからこそ、地道な研究が必要なのだ」ということを再認

点字の考案者ルイ・ブライユと点字配列表

識しています。

では、「触常者宣言」の内容を解説しましょう。二〇〇九年は点字の考案者ルイ・ブライユ（一八〇九～五二）の生誕二〇〇年に当たる記念の年です。「ブライユへの敬意と感謝を表明するために、二〇〇九年に本を出版したい」。中学生の時から点字を愛用している僕の中には、このような強い思いがありました。ブライユの記念行事に便乗して、本を売り込んでやろうという下心があったのも事実です。ブライユ生誕三〇〇年の二一〇九年には間違いなく僕はこの世にいないわけですし、二〇〇九年は最初で最後、まさに一〇〇年に一度のチャンスということになります。

僕の提案により、民博では企画展〈…点天展…〉（点字の展示）が実施されました。この展示の最大の狙いは、視覚障害者に対する世間のイメージを変えることです。一般に、視覚障害は否定形で定義されます。目が見えない、見えにくい。それに付随して歩けない、読めないなど。「○○ができない」という状況を改善していくバリアフリー的な発想も大切ですが、視覚障害を肯定形でとらえられないものかと知恵を絞りました。この試行錯誤から生まれたのが「触常者宣言」です。企画展に並べたモノの力を集約したのが「触常者宣言」だったともいえます。

触常者とは、「触覚に依拠して生活する人」です。一方、「視覚に依拠して生活する人」のことを見常者と呼びます。「触常者」という新しい概念を定義するに当たって、僕は「考える」「交わる」「耕す」の三側面に注目しました。考えることができる、交わることができる、耕すことができる。触常者を肯定形で表現したのがポイントです。「考える」は僕の仕事場（博物館）、「交わる」は僕の研究（盲人史）、「耕す」は僕の人生（点字）に由来しています。

「考える」＝創造力

現在、僕は「ユニバーサル・ミュージアム」（誰もが楽しめる博物館）の実践的研究に取り組んでいます。具体的には「さわる展示」を開発・普及するのが僕のメインテーマです。最近では、触覚を主題とするワークショップやイベントの依頼が全国各地から入るようになりました。僕には琵琶法師のような曲芸（音曲の芸）はないので、「触芸」を鍛錬しなくてはと肝に銘じています。

さまざまな「さわる展示」の情報を集め始めたころ、僕の念頭にあったのは視覚障害者対応です。視覚障害者は目で見ることができないので、さわって世界を把握します。博物館は目で見ることに力点を置く文化施設ですから、視覚障害者の来館数を増加させるためには、「さわる展示」を設置しなければならないでしょう。視覚障害者が楽しめる博物館を増やしていきたい。これは僕の活動の原点ですが、この意識だけではユニバーサル・ミュージアムにはなりません。

二〇〇六年に民博で企画展〈さわる文字、さわる世界〉が開催されました。僕が初めて担当した「さわる展示」です。この展示を立案する過程で、そもそも「さわる」とは、晴眼者（見常者）にとってどんな意味があるのだろうと自問自答しました。僕に触学・触楽の喜びを与えてくれたのは盲学校です。僕は中高の六年間を東京の盲学校で過ごしました。盲学校では、さわって学ぶ、さわって楽しむ授業が日常的に行われています。たしかに、盲学校は視覚障害者のための専門的な教育機関ですが、視覚を使わない学習法、触覚活用術は見常者にも通用するのではないでしょうか。

「触常者宣言」の中で、僕は「触文化」（さわって知る物のおもしろさ、さわらなければわからない事実）の意義を強調しています。食文化と同じように、触文化も古今東西、人間社会に普遍的に存在するものです。皮膚感覚まで含めると、人間は二四時間、三六五日、何かに触れながら生きています。食べることも日々の営みですが、二四時間食べ続ける人はいません。どうやら触文化は、食文化よりも人間生活に密着しているといえそうです。

幸か不幸か、視覚障害者は便利な視覚を使えない（使わない）ので、触文化の価値に気づくチャンスを手に入れました。ピンチ（視覚を使えない不自由）がチャンス（視覚を使わない自由）をもたらしたと総括できるでしょう。「触常者宣言」に以下のような記述があります。「たとえば、彫刻作品にゆっくりさわってみよう。触覚の特徴は、手と頭を縦横に動かして、点を線、面、立体へと広げていく創造力にある」。

「さわって物事を理解する」術を熟知しているのは視覚障害者です。視覚優位、視覚偏重の現代だからこそ、視覚障害者の立場で触文化の魅力をアピールしていくことが重要でしょう。視覚に過度に依存することなく、創造力を駆使して、じっくり「考える」触常者。彼らは社会を変えていく潜在力を持っているのだと、まず「触常者宣言」の冒頭で力強く主張しました。

「交わる」＝想像力

「触常者宣言」の二番目の段落では、「日本中世の琵琶法師は文字を媒介としない語りの宇宙に生きていた」と述べています。これは僕の盲人史研究を簡潔に要約する一文です。僕は最近、講演などの場で琵琶法師や瞽女の音楽CDを流すことにしています。あらためて琵琶法師や瞽女の声をじっくり聴くと、理屈抜きに「語り」の迫力が伝わってくる。まさに曲芸です。

余談ですが、僕は各地で講演をする機会が多数あります。きちんと数を数えたことはありませんが、一年で五〇回くらいでしょうか。博物館、大学、視覚障害関係など、あちこちから依頼をいただきます。講演をする際、僕が密かにライバルとしているのは琵琶法師、瞽女です。昨今はパワーポイントを使うプレゼンテーションが主流で、講演会でも画像・映像を見せる形式が一般的となっています。でも、僕は画像・映像が見えないわけだから、できれば視覚情報を用いない講演をしてみたい。そのお手本となるのが琵琶法師や瞽女なのです。彼らは視覚情報に頼らず、音と声で「語り物」（口承文芸）を創造・伝播《でんぱ》していました。

まず最初に琵琶法師の『平家物語』について説明しましょう。琵琶法師が史料に登場するのは一〇世紀、平安時代中期です。本書では琵琶法師の歴史の詳細な解説はしませんが、平安～鎌倉時代に彼らは多種多様な芸能に携わっていました。いわば、演歌歌手のドサ回りのようなものです。生きていくために各地を旅し、聴衆のリクエストに応じて語りを披露する。ドサ回りは琵琶法師にとって厳しいものですが、それによって芸能者としての実力が鍛えられたのは間違いないでしょう。演歌の世界では、ヒット曲が一つでも出れば、後はなんとか生き延びていくことができます。琵琶法師たちは南北朝時代に、ついに大ヒット曲『平家物語』を獲得するのです。

『平家物語』を読んでいて、疑問を感じることがあります。なぜか、この物語には「色」の話がたくさん出てくる。盲目の琵琶法師が語り伝えた物語なのに、ちょっと不思議です。俗物の僕は、思わず「あんたら、目が見えないのに、なんで色のことがわかるんだ」と突っ込みを入れたくなります。「講釈師、見てきたような嘘をつき」といわれますが、「見る」ことができない琵琶法師があえて「色」を持ち出すのは、どうしてなのでしょうか。

たとえば、有名な那須与一の「扇の的」の説話には、女房の紅の袴、若武者・与一の出で立ち、黒い馬、金の鞍、夕陽、白波など、鮮やかな色彩描写が頻出します。ここは、まさに「絵になる場面」です。二一世紀の今日、テレビとDVDプレーヤーは代表的な家電製品となりました。リモコンのボタンを押せば、色々な「絵」が目に飛び込んできます。けれども、当たり前ですが、琵琶法師が活躍した時代にはテレビもDVDもありません。琵琶法師は音と声で「絵」を創る演出家だったといえます。

源平の合戦が全国で繰り広げられたのは一一八〇年代です。平家が滅亡し、五〇年も経てば、実際に自分の目で源平の合戦を見た人はほとんどいなくなります。誰も見たことがない合戦の情景を音と声で伝えていたのが琵琶法師なのです。「誰も見たことがない」という点において、語り手の琵琶法師、聴き手の見常者の間に違いはありません。聴き手が壮大な歴史絵巻を自由に思い描くことができるように、琵琶法師は語りのテクニックを研鑽します。「色」は、聴き手の想像力を引き出す工夫だったといえるでしょう。

少し理屈っぽい言い方をすると、「目が見えない」琵琶法師が、「目に見えない」合戦の場面を語る。「目が見える」聴衆は、音と声を「目に見える」画像・映像に変換して、琵琶法師の語りを味わう。つまり『平家物語』とは、聴覚情報と視覚情報を交流・交換させる語りの芸能だったといえます。語り手と聴き手の想像力が交流・交換することにより、『平家物語』は中世社会で大流行しました。『平家物語』は琵琶法師集団のお家芸となり、彼らの地位も安定するのです。

現代は想像力を発揮するまでもなく、色々な「絵」を見ることができます。しかし、視覚は視覚、聴覚は聴覚というように、人間の感覚が分断され、交流・交換の楽しさが失われているのではないでしょうか。「交わる人」としての触常者の歴史は、当事者間でも忘れ去られています。当事者が触常者の歴史的役割を再確認することも大事です。

僕が初めて平曲（琵琶の伴奏に合わせて『平家物語』を語る芸能）の生演奏を聴いたのは、

大学院生時代だったでしょうか。大きなホールに響き渡る声の迫力に圧倒される一方、平曲は単調で暗いなあと感じました。何といってもテンポが遅い。「那須与一はいつ出てくるんだ」「それで、義経はどうなったんだ」。先の話が気になり、ゆったりと進む語りのペースになじむことができませんでした。

僕が平曲の真意を理解できたのは、非常勤講師として大学の講義を担当するようになってからです。授業で琵琶法師を取り上げるので、平曲のCDを何回も聴きました。音と声から「絵」を想像するには時間が必要でしょう。僕たちのご先祖様は平曲のスローテンポの語り、独特の間を利用して、聴覚情報を体内に取り込み、「目に見えない」歴史絵巻の世界に遊んでいたのです。

今日のアップテンポなポピュラー音楽では、「絵」を思い描く余裕がないまま、音は耳から入り身体を通り抜けていきます。近代の視覚中心の社会では、音と声から「絵」のイメージを縦横に広げるイマジネーションの力が失われてしまいました。視覚障害者は、近代化から取り残された不自由な（もしくは自由な）人です。人間が本来持っていた想像力を復活させることができるのは、視覚に依拠しない触常者なのではないでしょうか。

「耕す」＝思考力

触常者の三つ目の特徴は「耕す」です。僕は一三歳、中学一年生の時に失明しました。全盲になることにより、僕が多くのものを失ったのは事実です。よく全盲の人に「目が見えるようになったら、何を見てみたいか」という質問が投げかけられます。僕は中年になって日々老化していく自分の顔は見たくもないし、べつに他人の容姿も気になりません（まあ、たるんだお腹、少なくなった前髪など、触覚で確認できる「劣化」はなんとか食い止めたいところですが）。観光地などに行くと、やはり美しい景色は見てみたいと思います。その他、有名な絵画や星空などなど。全盲者が見たいものはたくさんあります。

失明は一三歳の僕に多くの「できない」を突き付けてきました。「見えなくなる＝できなくなる」苦戦が続く中、初めて僕が「できる」を実感したのは点字の触読です。最初に点字に触れた時、「こんなブッブツ、読めるわけがない」と感じました。でも、盲学校の教科書はすべて点字なので、それを読まなければ、どうしようもないわけです。ブツブツ文句を言いながら、仕方なく点字の触読を繰り返していました。そのうち、「読めた」「わかった」という手応えが指先から伝わってくる。点字が自力で触読できた時の感動は忘れることができません。振り返ってみると、点字の習得は、視覚障害者として生きる覚悟を中学生の僕にもたらしたといえそうです。

一般に点字とは、視覚障害者にとって「自立と社会参加」のツールであるといわれます。卑近な例で恐縮ですが、ある不真面目な盲学校生の思い出話を素材として、自立と社会参加の意義を確かめてみましょう。日本語の点字には独特の表記法、分かち書きのルールがあります。点字が読み書きできるようになった僕は当初、「読めればいい」「通じればいい」と割り切って、いいかげんな点字を書いていました。活字の文書に喩えると、誤字はないものの、漢字と仮名の使い分けがめちゃくちゃで、句読点もバラバラという感じでしょうか。そんな読みにくい点字でも、盲学校のベテラン教員が解読してくださり、中間・期末試験も切り抜けていました。

「読めればいい」「通じればいい」というレベルを脱して、僕が「きれいな点字」「正しい点字」に目覚めるのは中学三年の時です。中学三年、一四歳の春、僕は初めてラブレターを書きました。僕の「きれいな気持ち」をわかってもらうためには、「きれいな点字」を書かなくては。ラブレターを書くに当たって、まず僕はそれまで軽視してきた点字表記法の学習に取り掛かります。

ラブレターを送った彼女とはその後一年半ほど、点字文通を続けることになりました。やはり人間は、不純でも切実な動機があれば頑張るものなのです。ラブレターを書くことによって、自分の意思を自分の文字で相手に伝える。中三のころ、僕は受験勉強そっちのけで、点字文通を介して「きれいな気持ち＝きれいな点字」を磨いていました。この経験が僕を精神的に成長させたのは間違いないし、まさに自立の第一歩だったと思います。

次に、「社会参加」の好例として挙げることができるのは、一九八七年の大学進学です。よく「盲学校は温室である」といわれます。点字で勉強することができ、視覚障害に理解がある教員もそろっている。僕自身も盲学校で学んだ六年間は楽しかったし、「青春を謳歌した」充実感があります。

しかし、いつまでも温室にいることはできません。盲学校生にとって、同世代の見常者は競争相手であり、一種あこがれの対象でもありました。大学受験を山登りになぞらえるなら、頂上は合格です。頂上（合格）に至るプロセスは多種多様で、視覚障害者も見常者も、それぞれの方法で登山に挑みます。僕は盲学校で点字を使用して頂上をめざしました。それは社会の多数派、見常者とは少し違うルートですが、登山の方法に優劣はありません。点字受験を経て、志望する大学に合格できた時の感激は、おそらく見常者以上だったのではないかと思います。同じ入学試験をパスした見常者といっしょにキャンパスライフを満喫する。競争から協奏へ。大学合格は、当時の僕にとってまさしく「完全参加と平等」の達成でした。

点字は触覚の潜在力への気づきを促します。視覚障害者にとって点字は単なる文字ではなく、「生きる指針」です。視覚障害者が点字をマスターした時、その人は触常者になるといっても過言ではないでしょう。個人的にも強い思い入れがある点字。そんな点字を博物館において、どのように展示すべきなのか。僕は民博で「点字の展示」を企画するに際して、世界各国の状況を調査しました。

自身のフィールドから生まれた文芸

二〇〇九年には「ブライユ生誕二〇〇年」の記念切手が多数発行されています。記念行事、展覧会を行う国もたくさんありました。僕が民博の展示準備のために直接訪問し、関係者と意見交換したのはフランスと米国です。国が違っても、記念行事の趣旨、内容はほぼ同じものでした。視覚障害者の自立と社会参加のために点字が果たした重要な役割。その歴史は、万国共通なのです。

民博の展覧会でも、「視覚障害者の自立と社会参加」はキーコンセプトとして重視しましたが、それだけではオリジナリティがありません。生意気な言い方になりますが、「視覚障害者の自立と社会参加」のみにフォーカスするのなら、僕以外の人でも展覧会を組み立てられるでしょう。僕だからできる、僕にしかできない展覧会とはどんなものだろうか……。民博を訪れる来館者の大半は、視覚障害とは関係ない見常者です。春・秋には小中学校の団体が遠足・修学旅行で民博に立ち寄ります。必然的に僕の企画展では子どもを含め、見常者に点字の可能性を伝えることが課題となりました。

企画展を通して、僕が積極的に宣揚したのは「点字力」という新概念です。「触常者宣言」には以下のような記述があります。「六個の点で仮名・数字・アルファベット・多様な記号を表現できる点字は、触常者の柔軟な思考力から生まれた触文化の象徴である」。わずか六個の点の組み合わせで、この世のすべてを表現する。「少ない材料から多くを生み出す」点字の発想には、大量生産・大量消費が常識となった現代社会に対するアンチテーゼが内包されています。触読できるかどうかは別として、見常者も点字の仕組みを学ぶことにより、「生きる指針」を得られるはずです。

「点字力」を身につけることを僕は「耕す」という語で言い表しました。赤ちゃんを観察すればわかるように、もともと人間は何にでもさわり、口に入れようとします。ところが、成長する過程で「さわってはいけません」「なめてはいけません」と周囲から言われ、徐々に視覚中心の生活に順応していくのです。

失明は、視覚中心の生活からの離脱を意味します。それは同時に、自己の中に眠る触覚の力を「耕す」チャンスだともいえるでしょう。「触常者宣言」を通じて、直接的には視覚障害に対する認識を改変したい。さらに、それを手がかりとして、新しい人間観・世界観を提示しよう。「触常者宣言」は、二〇〇九年段階の僕の到達点、および出発点を示しています。この宣言は、博物館、盲人史、点字という僕自身のフィールド（生きる現場）から紡ぎ出された文芸（文章による芸）だったのです。

2　「触常者宣言」の問題点

「視覚障害者＝触常者」は成り立つのか

琵琶法師の曲芸に比べると、僕の文芸はまだまだ修業不足ですが、二〇〇九年の「触常者宣言」発表時には、満足感（到達）と高揚感（出発）がありました。しかし、あらためて宣言を読み返してみると、いくつか問題点があることに気づきます。以下では、客観的な立場から「触常者宣言」の矛盾を挙げてみることにしましょう。

まず、「視覚障害者＝触常者」は成り立たないことを指摘しなければなりません。「触常者」の対語は「見常者」です。もともと僕が「見常者」という言葉を使うようになった背景には、「健常者」という呼称に対する素朴な疑問があります。健常者とは、「健康が常の人」です。僕は全盲ですが、「目が見えない」状態は安定しています。「お先真っ暗」というのも慣れてみると、そんなに悪いものではありません。僕は四〇代の中年オヤジにしては元気な方だし、食欲も二〇代のころと同じです（ここで、大食いを自慢すべきではないでしょう）。僕の周りには、「健康が常でない」健常者がたくさんいます。僕は風邪もほとんどひかないのに、障害／健常という分類では、健常者に入れてもらえないのです。

そもそも何が「健康」なのかという解釈は、人によって異なります。そんな曖昧な解釈に代わって、社会の多数派は「見ることを常とする人＝見常者」だと考えると、どうでしょうか。明らかに僕は「見常者」ではありません。でも、健常者ではないと言われるよりも、見常者ではないと言われる方がすっきりします。おそらく「晴眼者＝見常者」ということに異論を唱える人は少ないでしょう。見ることを常とする人がいるならば、さわることを常とする人もいるはずです。視覚障害者は触常者であるという社会通念が広がれば、障害／健常の二分法は消滅するでしょう。触常者と見常者は、対等な人間関係を築くことができます。

深刻な点字離れ

では、ほんとうに視覚障害者はさわることを常としているのでしょうか。近年の視覚障害者を取り巻く環境の変化として、以下の三つが注目されます。

①点字が読めない中途失明者の増加

②盲学校の児童・生徒数の減少と障害の重度・重複化

③残存視力の活用が強調される弱視教育

順番に説明しましょう。

民博には、たくさんの視覚障害関係の団体が見学・触学にやってきます。中高年の中途失明者は積極的にモノにさわろうとしないし、概して触察が下手です。さわって情報を得ることに慣れていないなあと感じます。一九八〇年代以前は、目が見えなくなれば、点字をマスターするのが当たり前とされていました。前述したように、視覚障害者にとって点字は、触覚を「耕す」有力なツールだったのです。中途失明者は点字が触読できるようになるために、否応なく努力していました。努力せざるを得なかったという方が適当かもしれません。

最近は視覚障害者もスクリーンリーダー（画面読み上げソフト）を用いて、パソコンで文字を読み書きすることができます。つまり、点字を使わなくても、インターネットで種々の情報にアクセスすることが可能となりました。世界的にみても、視覚障害者の点字離れは深刻です。さわらない、さわろうとしない視覚障害者をどうすれば触常者に育てていけるのか。手前味噌になりますが、触文化の豊かさ、奥深さを体感できる社会教育・生涯学習の拠点として、博物館の存在意義はきわめて大きいでしょう。

盲学校は触常者を育てる「触文化の基地」です。ところが昨今、各地の盲学校の児童・生徒数が激減しています。その要因は医学の進歩と少子化です。僕が在籍していた一九八〇年代の東京の盲学校では、中学部で一学年＝一五人、高等部で二〇人でした。現在、地方の盲学校では一学年＝一名、もしくは在籍児童がいない学年があるという話をよく聞きます。今日ではインクルーシブ教育の理念が定着し、地域の普通校に進学する視覚障害児の割合が増えてきました。そのため、盲学校では知的障害、肢体不自由を併せ持つ重度・重複の視覚障害児のケアがクローズアップされています。

もちろん、重度・重複障害児にとっても触文化は大切です。とはいえ点字の触読となると、知的障害児にはハードルが高いでしょう。触学・触楽の能力は、児童・生徒同士の切磋琢磨によって向上します。残念ながら二一世紀の盲学校は、この切磋琢磨ができない状況なのです。僕の盲学校時代の同級生には複数の女子がいました。ラブレターを出す相手を「選ぶ」ことができたのです。今、少なからぬ盲学校でこの「選ぶ」楽しさ、喜びが失われているのはさびしいなあと感じます。

次に、弱視教育について私見を述べることにしましょう。誤解を恐れずに言うと、僕は「弱視者＝見常者」と分類しています。僕も小学生時代は弱視だったので、当事者の気持ちはよくわかるつもりです。弱視者は残存視力を駆使して、一生懸命に事物を見ようとします。いい意味でも悪い意味でも、晴眼者と同じことができるように指導するのが弱視教育の眼目です。

民博に盲学校の児童・生徒が来ると、僕はいつも触文化の話をします。「さわるのは全盲者の専売特許ではない」「弱視者も、もっとさわってみると、おもしろい発見がある」などなど。弱視者が社会の主潮である「見る文化」を享受することも大事ですが、そこで晴眼者と勝負しても苦しいでしょう。それならば、見る・さわるをミックスさせて、独自の世界を創るのがいいと思うのですが、「弱視者にこそさわらせろ！」という僕のメッセージは、まだ視覚障害教育の分野では十分浸透していません。

「一億総触常者化」への道

以上、三つの問題点について説明しました。やはり「視覚障害者＝触常者」は、単純に成り立つものではないことがわかります。じつは、触常者は視覚障害者コミュニティにあってもマイノリティなのです。触文化の担い手である触常者をどうやって育てていくのか。

これは現役の盲学校教員、そして僕のような盲学校卒業生にとって真剣に取り組むべき課題でしょう。

最後に、理屈を突き詰めていくと、触常者と見常者の関係は、かならずしも対等ではないことを付言しておきます。触常者（視覚障害者）は、物理的に見常者（晴眼者）になることができません。それに対し、見常者は己の触覚を練磨すれば、触常者になることができます。視覚障害者は、紙に書かれた墨字（視覚文字）を独力で読むことができません（パソコンやスマホに読ませるのは可能ですが）。一方、「触常者宣言」では、「見常者は点字を触読することができない」と断言しています。でも、実際にはこれは正しくない。僕の周りにも、点字を触読できる見常者（変わり者）が何人かいます。暗闇で文字が読めたら便利だし、省エネにもなりますから、触読トレーニングはお薦めです。

本格的な触常者養成プログラムはまだ開発されていませんが、いわゆる疑似体験（シミュレーション）は各方面で試みられてきました。現在、小中学校などでよく行われているアイマスク体験（障害理解教育）について、僕は否定的です。アイマスクを短時間着けるだけでは、「視覚を使えない不自由」が印象付けられてしまいます。「視覚を使わない自由」を実感するためには、最低でも三日、できれば一週間くらいはアイマスクを着用すべきでしょう。まあ、そんなことは現実的には難しいわけですが。アイマスク体験は視覚障害に対する誤解を助長してしまう危険があるものの、うまく使えば触文化への入口ともなります。

アイマスク体験を導入として、触覚に目覚める見常者が増えてほしいというのが僕の本音です。現在、見常者に触文化の魅力を伝えることが僕の活動の主眼となっています。これは自己矛盾ですが、見常者が触覚の潜在力に気づき、どんどん事物にさわるようになれば、僕の役割はなくなるでしょう。視覚障害当事者である僕の理想は「一億総触常者化」です。けれども、この悲願が達成されれば、触文化のエキスパートとしての視覚障害者の地位は危うくなります。なんとも複雑です。

ここで思い出してください。世の中、そう簡単に変わるものではない！　視覚障害者である僕が、さわることのすばらしさを訴え、その結果、目が見える・見えないにかかわらず、みんなが触常者になる。「一億総触常者化」が実現できれば、視覚障害者は歴史的役割を果たしたといえるのではないでしょうか。そうなるまでにはまだまだ時間が必要だし、遠く険しい道だと思います。だからこそ、「ベストセラーよりもロングセラーだ」と自分に言い聞かせながら、触常者の養成に励まなければならないのです。

志を詩に込めて

さて、この辺で一服。僕が書いた拙い詩を紹介します。高校時代、僕は「詩のクラブ」に所属し、変てこな詩を書いていました。「もう青春は終わった」と感じたわけでもないですが、二〇～三〇代の僕は論文や本を執筆することに集中し、詩から離れてしまいます。そんな研究者が四〇歳を過ぎて、再び詩を書き始めました。論文やエッセーとは違う形で、自分のメッセージを社会に発信したいという思いが心の底から湧いてきたのです。視覚障害者としての志を持つことの大切さを再認識するきっかけは、「ルイ・ブライユ生誕二〇〇年」でした。僕はこれからも視覚障害者として胸を張って生きていくでしょう。詩人にはなれませんが、常に志人でありたいと願っています。第二章の結論として、「触常者宣言」の続編ともいえる「自分詩」をお読みください。

なぜ僕は点字にさわるのか

点字は、目の不自由な人が自由に読み書きできる文字である

文字は線で表示するという見常者（多数派）の論理にこだわらず、
触覚に適した文字として提案された点字
点字を構成する六つの点には、常識にとらわれないしなやかさ、
不自由を自由に変える力が込められている

点字は、触覚によるアートである
わずか六つの点の組み合わせでさまざまな言語、数字、記号を表せる点字
人間、世界、宇宙は一つの点から始まる
点字の小さな凸点には、少ない材料から多くを生み出すしたたかさ、
森羅万象のエネルギーが宿る

読みたい・知りたい・深めたい、書きたい・伝えたい・残したい
点字は指先を刺激し、新たな好奇心と行動力をもたらす
さらに先へ、さらに奥へ……
点字を読むとは、手と頭をつなぐ能動的な身体運動
点字を書くとは、世界を震動させる接触／触発型の身体表現

点字は、さわる文化のシンボルである
点は文字、文字は文となり、人生を盛り上げ歴史を掘り下げる
点字は人生と歴史を身体に刻み付ける
不規則かつ規則的な点の配列は、
　僕たちが地球に触れた痕跡、そして生きた証
手を伸ばせば、もっと触れることができる、
　人間、世界、宇宙に

点字は、大半の見常者が自由に読み書きできない不自由な文字である
僕は時々思う、
　見常者はさわらない、さわれない、さわらせない「拒触症」なのではないかと
点字が読めなくても、指先をくすぐる凸点の心地よさを感じてほしい
点字が書けなくても、一点ずつ白紙に打ち出す手の感触、音の響きを味わってほしい
不自由を自由に変える力、森羅万象のエネルギーを体感し、
　みんながしなやかに、したたかに生きるために

【コラムⅡ】舌は第三の手なり

「見えなくても食べる」「見えないからこそ食べる」。全盲の僕はグルメというほどではないが、食べることが大好きである。目が見える・見えないに関係なく、ともに楽しめるのが「食」ではなかろうか。中年となり体力の衰えを実感する日々だが、どうも食欲だけは二〇代のころとほとんど変わっていない。我がスケジュール帳の「飲み会」の予定を数えながら、そろそろ「量より質」を意識しなければと言い聞かせている。

おいしい物を食べる際、目が見える人と見えない人では微妙な相違がある。見えないことによるマイナスの代表は、何といっても盛り付けの美を味わえない点だろう。幸か不幸か高級料亭で会席料理を食べる機会はめったにないが、和食の繊細なおもてなしの心、色彩の妙を視覚的に楽しめないのは残念である。一方、その逆で見た目に惑わされず、食べ物の味を純粋に舌で感じることができるのは、視覚障害のメリットなのかもしれない。

たとえば、自動販売機で好きな飲み物を買うことを考えてみよう。バリアフリーの観点に立脚するなら、自販機のボタンに点字表示があり、視覚障害者も自由に好きな飲み物を選べるのが望ましい。でも、僕は時々適当にボタンを押し、出てきた飲み物を宝くじ感覚で楽しんだりする。「さあ、何が飲めるかな」「今日は当たりか外れか」。こういったスリルは全盲者ならではの貴重な体験といえよう。冷たいお茶が飲みたい時にホットコーヒーが出てくると少しがっかりするが、まあ人生は行き当たりばったり、何があっても受け入れる寛大さが大切だと、自分を納得させている。

視覚障害者の旅行では景色を見ることができないので、必然的に食への思い入れが強くなる。旅の記録は写真・ビデオというのが一般的だが、僕の場合は味覚と記憶のつながりが密接である。視覚・聴覚情報は、入ってきたものを受動的にとらえるという側面が大きい。受動的な記憶は曖昧なので、その記憶を簡単によみ

とある回転寿司店にて。行き当たりばったりで伸ばす手に触れる皿は、はてさて当たりか外れか（2016年1月撮影）

がえらせる手段として、カメラや録音機が開発された。他方、味覚は両手を動かし、自分の意思で食べ物を口へと運ぶ。そして舌は温度、固さ、形、粘り気などを感知しつつ、口から体内へと食べ物を運ぶ。まさに舌は体外の情報を体内に取り込む能動的なセンサーなのである。舌触りという言葉が示すように、舌は文字どおり食べ物に触る「第三の手」ともいえるだろう。

僕の旅の思い出は「○○で食べた××の味」の記憶で満たされている。各地に足を運び、手と舌で得た情報を身体に刻み付ける。今のところ味覚・触覚を記録する媒体はないが、カメラや録音機のようなデジタル化ができないのが舌触り・手触りのよさかなとも思う。食べるのは同じでも、一味違う舌の運用法。常に能動的に自己と外界を結ぶ舌。これからも第三の手を駆使して、質にこだわる研究を続けていきたい。

第三章

盲人史研究から「さわる文化」論へ

1　盲人文化・芸能の世界

「最後の琵琶法師」との出会い

「触常者宣言」では、「考える」「交わる」「耕す」という肯定形の枠組みで視覚障害者を再定義しました。すでに前章で自己批判したように、この宣言にはいくつか重大な問題があります。また、僕自身の考察（人生修行）が不十分なため、宣言の各項目の内容は抽象的なものにとどまらざるを得ませんでした。それでも、僕は二〇〇九年に「触常者宣言」を刊行することにこだわったのです。盲人史の研究を続けてきた僕にとって、やはり二〇〇九年は特別な年でした。「おまえは二〇〇九年をどう迎え、どう過ごすのか」。こんな問いかけと格闘しながら、僕なりの思索をまとめたのが「触常者宣言」だったのです。

二一世紀に入って、僕が調査してきた盲僧・イタコ（盲巫女）・瞽女が相次いで亡くなります。とくにショックだったのは、「最後の瞽女」と称される小林ハルさん（一九〇〇〜二〇〇五）の逝去です。僕は盲僧とイタコの調査を優先し、東北と九州に頻繁に出かけていました。新潟に瞽女がいることは知りつつも、文献を集めるだけで、面会は後回しにしてきたのです。瞽女の消滅により、僕が聞き取り調査をすることは永遠にできなくなってしまいました。卒業論文執筆以来、お世話になってきた「最後の琵琶法師」永田法順さん（一九三五〜二〇一〇）も、「触常者宣言」発表の翌年に急逝します。

視覚障害者が長年にわたって維持・継承してきた琵琶法師・瞽女の文化が消えていく。盲人専業のイタコもいなくなり、僕が恐山で話をうかがった方々もすべて死去しました。盲人文化の断絶に直面し、単に僕は歴史の証人として立ち会うのみでいいのだろうか。同じ視覚障害者、盲人史の研究者として、何かできることがあるはずだ。こんな焦りが僕の中にありました。

2011年建立の永田法順像（宮崎県延岡市の浄満寺で）

僕は音楽的センスがまったくないので、琵琶法師や瞽女の曲芸を受け継ぐことはできません。僕が初めて永田法順さんにお会いしたのは一九九〇年の夏です。当時の永田さんは一千軒以上の檀家に恵まれ、宗教者・芸能者として、円熟期を迎えていました。充実した日々を過ごす永田さんの唯一の悩みは、後継者がいないこと。僕のインタビューはそっちのけで、いきなり永田さんは「君、弟子入りしないか」と勧誘しました。「関西から視覚障害の学生がやってきた」「よくわからんやつだけど、とりあえず琵琶法師のことに興味があるらしい」。きっと永田さんは、研究に協力するというよりも、弟子候補者の面接に臨む気分だったのでしょう。

僕は一瞬迷いましたが、何といっても音感・リズム感には自信がありません。永田さんの生演奏を聴かせてもらった後、弟子入りは丁重にお断りしました。もしもあの時、僕が永田さんに弟子入りしていれば!? 今ごろ「最後の琵琶法師」となって、講演ではなく、公演をしているかもしれません。そんな人生も悪くないなあと思いますが、僕の力量では「最悪の琵琶法師」となりそうなので、やはり「最後」は永田さんでよかったのでしょう。

琵琶法師や瞽女は日本社会から消滅しましたが、彼らの精神を後世に伝えていくことはできないものか。よく僕は半分冗談、半分本気で「盲学校の専攻科に盲僧科、イタコ科を設置すればいい」と言いますが、なかなか受け入れてもらえません。たしかに、二一世紀の今日、イタコや瞽女、琵琶法師を半強制的に養成するのは困難です。視覚障害者の職業選択の幅が広がった現在、伝統的な宗教・芸能の世界に飛び込んでくる若者も少ないでしょう。曲芸が無理なら文芸を、ということで「触常者宣言」を書きました。この宣言は、琵琶法師・イタコ・瞽女のスピリット（魂）を僕が要約し、現代に再生しようとした挑戦ともいえます。

バラエティに富む瞽女唄

ここで瞽女唄について解説しましょう。「触常者宣言」は頭から心へ、盲人文化の魂を吹き込みます。理性の領域です。一方、平曲や瞽女唄は体から心へ、声と音の迫力で、聴き手と語り手の魂を共振させます。こちらは感性の領域です。最初に紹介するのは、「最後の瞽女」小林ハルさん。この方は瞽女として、一人の女性として、たいへん苦労された方です。瞽女の旅を引退後、晩年は盲老人ホームで安らかな日々を送りました。八〇歳を過ぎてからマスコミ等で注目されるようになり、多くの書籍で「最後の瞽女」として取り上げられています。盲老人ホームでは晴眼の弟子を何人か持ちましたが、視覚障害の後継者はいません。

近代以降、瞽女唄は暗い、さびしいという印象が流布しています。瞽女は障害者、女性という二重の差別に耐え、強く生きた。辛い生業である瞽女は前近代の遺物であり、彼女たちが二一世紀に日本から消え去ったことは、福祉制度の充実、社会の進歩として喜ぶべきだろう……。このような「瞽女＝悲しい女性障害者」というイメージを拡大・再生産す

瞽女の旅姿（杉山幸子氏提供）

る上で、小林ハルさんは大きな影響を及ぼしています。

瞽女唄の定番ともいわれる「葛の葉子別れ」は、浄瑠璃《じょうるり》や説経節《せっきょうぶし》の演目としても著名な説話です。小林ハルさんもこの唄を十八番としていました。今日、僕たちが聴くことができるのは、彼女が八〇歳を過ぎてから録音されたCDです。小林さんをはじめ、瞽女たちは信濃川に向かって大声を張り上げ、のどから血が出るまで発声練習を繰り返しました。彼女たちの声の鍛え方は、明らかに西洋の声楽とは異なります。上手・下手を超越した迫力。熱唱・絶唱と呼ぶにふさわしい「魂の声」です。

先日、点訳・音訳ボランティアの研修会で瞽女唄のCDを流しました。受講生の大半は女性だったので、瞽女の歴史に興味を持ってくれたようです。音と声から「色」を創造・想像する盲人芸能のテクニックは、点訳・音訳にも応用できるかもしれません。講演終了後、ある音訳ボランティアが僕の所に来て、次のような感想を述べました。「小林ハルさんの声を聴いて、涙が止まらなくなった。雪がしんしんと降り積もる中、瞽女さんがとぼとぼ、とぼとぼと旅をしている姿がはっきりと浮かんできました」。

「はあ、そうですか……」。ボランティアの方の感動的なコメントに接し、僕は曖昧な返事しかできませんでした。瞽女は春から秋にかけて旅をするのが一般的です。たしかに晩秋・初春の旅で予想外の雪に遭遇することもありますが、冬場は温暖な地方に出稼ぎに行くか、自宅で唄の稽古を重ねるのが基本でした。小説や絵画を媒介として、見常者は瞽女を描いていきます。それらの中には傑作もありますが、作者の真意を度外視して、作品から飛び出した「哀しい瞽女像」が独り歩きを始めるのです。「瞽女＝雪」というボランティア女性の先入観には罪はありませんが、それだけに危うさと恐ろしさを感じてしまいます。近代的な人間観、否定形の障害観のみで瞽女を論じることはできないはずです。

瞽女は娯楽・慰安の提供者として、宴会を盛り上げていました。日々あくせくと働く村人にとって、瞽女の来訪は、まさにハレの日の大イベントでしょう。本来の瞽女唄は色っぽくて艶めかしいものでした。瞽女唄が無形文化財として調査・記録されるようになるのは昭和四〇年代です。当時、小林ハルさんなど、現役の瞽女は六〇代、七〇代でした。もちろん、年配者の「枯れた芸」も味がありますが、やはり全盛期、二〇〜四〇代の若い瞽女の唄を聴いてみたかったと思います。

今日、レコード、CDとして残っている瞽女唄は、どちらかというと暗く、さびしいものが中心です。じつは、瞽女たちは世間の常識（偏見）を逆に利用し、あえて「暗く、さびしい」唄を芸としていたのではないでしょうか。哀切きわまりない親子の別離を唄う「葛の葉子別れ」には、瞽女のしたたかさ、逞しさが宿っています。今風の言い方をすると、瞽女はコンパニオンなので、宴会を盛り上げるさまざまな唄を繰り出していました。滑稽な物語、下ネタも登場します。「暗く、さびしい」という常識（偏見）を払拭するために、もう一人、別の瞽女さんの話をしましょう。

一九七〇年代に東京、新潟などでリサイタルを行い活躍した伊平タケさん（一八八六〜一九七七）です。この方は、独特のトークと機知に富む即興演奏で、若者にも人気がありました。伊平さんの唄がレコードとして発売されたのは、一九七三年のライブ録音のみです。俳優の朝比奈尚行さんが司会（幇間）としてリサイタルを進めています。

このリサイタルで伊平さんは硬軟織り交ぜて瞽女唄のバリエーションを披露していますが、とくに「万歳」は圧巻です。万歳（萬歳・万才）は全国各地に伝承される祝福芸で、尾張萬歳、三河萬歳、越前萬歳などがよく知られています。門付芸のレパートリーの一つとして、万歳を得意とする瞽女も多くいました。レコードでは、太夫（伊平さん）・才蔵（朝比奈さん）の掛け合いを楽しむことができます。歌詞を忘れた朝比奈さん（二〇代）に、さりげなく伊平さん（八〇代）が声をかけているのがライブならではのおもしろさでしょう。

ところで、二〇一三〜一四年の米国滞在時、僕は瞽女に関するレクチャーを何度か担当しました。英語の点字で原稿を書いて、それを棒読みする講演です。聴衆を退屈させてしまっては申し訳ないので、要所要所で瞽女唄のCDを挿入し、メリハリをつけました。日本語がわからなくても、いや、むしろわからないからこそ、アメリカ人は瞽女唄の魂に触れることができるはずだ。こんな期待がありました。音の響きを楽しむという点で、やはり伊平さんの唄は優れています。英語のレクチャーでも、いつも最後は万歳を流していました。

アメリカでの僕の講演会の聴衆は、ほとんどが真面目な日本研究者です。ある大学でのレクチャーの後、こんな質問が出ました。「万歳の歌詞の意味を説明してください」。はてさて、僕はかなり困りました。おそらく、この質問が日本語だったとしても、僕は答えに窮したでしょう。伊平さんと朝比奈さんの掛け合いの中で「おったたった」というフレーズが反復されます。これは言葉遊び、語呂合わせを楽しむもので、歌詞自体の意味は希薄です。僕の英語力では日本語の微妙なニュアンスを伝えるのが難しいので、「まあ、いろいろなことを言っていますが、最終的には、とにかくいっしょに酒を飲んで盛り上がりましょう、『Let's drink sake!』という唄です」と、しどろもどろになりながら答えました。

質問をしたアメリカ人の先生は「Oh, sake!」と言って大笑い。お客さん（聴衆）を喜ばせるという点において、僕も少しだけ瞽女に近づくことができたかなと、伊平さんに感謝しました。瞽女唄には明るく楽しいものもたくさんあります。当然のことですが、瞽女・琵琶法師といっても、さまざまな人がいる。彼らは視覚障害という共通する属性を持っていますが、それだけのことです。性格も十人十色なら、その芸能も人それぞれでしょう。視覚障害者を十把一絡げで論じることはできません。視覚障害の当事者であり、盲人史の研究者でもある僕は、「見常者と同じように、触常者にも種々雑多な人がいる。琵琶法師や瞽女の歴史は多角的にとらえなければならない」と、講演や著作で主張し続けています。これは、伊平さんたちの魂を受け継ぐ者の使命です。

2　ユニバーサルな境地へ

視覚障害教育の三つの課題

「触常者宣言」は理念先行という面が強いわけですが、この宣言にどう肉付けしていくのかが今後の僕の課題といえるでしょう。少しずうずうしいかもしれませんが、以下に挙げる三項目は、僕個人のみならず、二一世紀の視覚障害教育全体の課題でもあるのかなと感じています。

①視覚障害教育現場の意識改革→「視覚補助」から「聴覚・触覚保助」へ（当事者の自尊心を育成する）

②大学における障害学生支援のあり方の再検討→共活社会を創るシステム構築（当事者の主導権を拡充する）

③「誰もが楽しめる博物館」の具体化→「ユニバーサル・ミュージアム」の六原則の発信（当事者の持続力を稽古する）

①触常者の自尊心を育成する

僕は毎年、夏休みには各地の盲学校の研修会などで講演をする機会をいただきます。先述したように、盲学校では児童・生徒数が減少しており、視覚障害教育の伝統を維持・継承するのが難しい状況です。また、教員の異動も頻繁で、点字の読み書きなど、専門的な知識を持たぬまま着任・転任するケースも増えています。僕の講演のネタの多くは、一九八〇年代に盲学校の先生方に教えていただいたものです。それを二一世紀の盲学校で、僕が先生方に伝えている。なんだか複雑な気分ですが、卒業生や関係者がみんなで応援していかないと、盲学校の将来は尻すぼみでしょう。

触常者としてのプライドを持つ児童・生徒を育てていくためには、やはり盲学校に頑張ってもらうしかありません。盲学校では視覚補助、すなわち視覚を使えない不自由をどのようにして削減できるのかという方法論に基づき、教育実践が蓄積されてきました。もちろん、それは大切なことで、視覚補助の発想がなければ、見常者中心の社会で生き残るのは困難でしょう。

他方、琵琶法師や瞽女の歴史は、視覚補助とは異なる生き方の可能性を示しています。それは「聴覚・触覚保助」とも称することができるものです。足りない部分を補うのではなく、残された部分を保ち、最大限活用する。視覚障害者が聴覚・触覚をもっと磨いていけば、自分たちの潜在力に気づき、自信を持つこともできるはずです。触常者の集団が発展していくためには、まず当事者の自尊心を育成することが不可欠でしょう。盲学校の教育現場に保助の思想を！　これが僕の第一の提言です。

②触常者の主導権を拡充する

現在、僕はいくつかの大学で非常勤講師をしています。昨今の大学では「障害学生支援室」が設置されるようになり、障害の有無に関係なく、多様な学生が「ともに学ぶ」条件が整ってきました。サポートが必要な学生の学習権はしっかり保障する。これが今日の高等教育のコンセンサスです。視覚障害学生も授業の配布資料を事前に電子データで受け取ったり、点訳教科書を容易に入手することが可能となりました。三〇年前の学生だった僕は、素直に羨ましいなあと思います（もっとも、「教科書の点訳が間に合わない→予習ができない→予習しなくてもいい」という不幸にして幸福な学習環境は、怠惰な僕には合っていたのかもしれませんが）。

大学の授業で基準となるのは、マジョリティ（健常学生）のウェイ・オブ・ライフです。その中にマイノリティ（障害学生）が入っていくと、どうしても多数派に合わせることが求められます。視覚障害学生であれば、教科書・黒板の文字や図表が見えないのが最大の

「ディスアビリティ」（disability）です。大学当局はディスアビリティ解消のために、個々の学生のニーズに応じて、支援体制を整備します。したがって、授業では支援をする側（健常者）、支援をされる側（障害者）という一方向の補助になりがちです。それはやむを得ないことですが、障害学生が主導権を発揮し、「してもらう／してあげる」という図式を変革するのが重要でしょう。障害学生支援室のスタッフとして、力のある触常者がどんどん雇用されるようになればと願っています。

「保助」と同様に、「共活」も僕の造語です。「ともに活かす」社会システムの原点は、やはり琵琶法師・瞽女にあります。語り手（触常者）と聴き手（見常者）の双方向コミュニケーションにより成立したのが平曲・瞽女唄です。前近代の盲人文化の再評価が、脱近代の障害者支援の再創造を促す。一方向の支援から、双方向の交流・交換へ。これが僕の第二の提言です。

③触常者の持続力を稽古する

僕が「ユニバーサル・ミュージアム」の実践的研究に取り組むようになってから一〇年が過ぎました。僕一人の力ではありませんが、近年では「さわる展示」に興味を持つミュージアムの数が確実に増えています。触覚展示とは単なる視覚障害者対応ではない。触文化は誰もが楽しめる新しい博物館の未来を拓く。こんな僕の持論が少しずつ各方面に受容されていくのは嬉しいことです。どんな「さわる展示」ができるのかは館種、収蔵品の性質によって異なります。「さわる展示」を具体化するための指針を提示してみたいというのが、ここ数年の僕の懸案事項でした。

「触常者宣言」を博物館活動に応用することにより完成したのが、「『ユニバーサル・ミュージアム』の六原則」です。この六原則は、二〇一四年九月に刊行した拙編著『世界をさわる』（文理閣）の巻末に掲載されています。「触常者宣言」と六原則を読み比べていただくと、二〇〇九年以後、五年間の僕の成長（?）を感じてもらえるのではないでしょうか。六原則ではあえて「視覚障害」「触常者」という表現を使っていません。ある視覚障害者が触文化を自覚し、触常者となる。その触常者は触文化を追求し、ユニバーサル（普遍的）な境地に至る。六原則が、触文化を切り口として人類の未来を展望する「文化人類学者」広瀬浩二郎の一里塚となれば幸いです。

博物館、そして社会を変えていくには時間がかかります。「さわる展示」の普及には触常者の協力が不可欠です。二一世紀に入り、博物館は来館者数が減り、「冬の時代」を迎えています。「展示資料にさわれない博物館」「展示資料にさわらない来館者」が冬の時代を招いた原因だとすれば、冬の苦境を脱するヒントを与えてくれるのが触常者でしょう。

盲学校の児童・生徒たちには博物館を訪れ、声を大にして「さわれなければ知見が広がらない」「さわらなければ発見が生まれない」と訴えてほしいです。

博物館と盲学校の連携により触文化を育む。時間がかかるからこそ、やりがいのある仕事なのではないでしょうか。持続力を養うお手本は、盲目の師匠から弟子へと脈々と伝承された平曲・瞽女唄です。現代の触常者は琵琶法師や瞽女の芸道に学ぶべし。第三の提言では、今日の触常者は盲人芸能の後継者だという思いを込めて、「稽古」という言葉を使ってみました。「触常者宣言」と同じように、「ユニバーサル・ミュージアム」の六原則も抽象的なものです。この六原則に魂を吹き込むために、僕なりに「さわる展示」の稽古を重ねていかなければなりません。

「ユニバーサル・ミュージアム」の六原則

1. 誰がさわるのか（who）

障害の有無、国籍などに関係なく、老若男女、すべての人が〝さわる〟豊かさと奥深さを味わうことができる。

→単なる障害者サービス、弱者支援という一方向の福祉的発想を乗り越え、新たな「共生」の可能性を提示するのがユニバーサル・ミュージアムである。

2.何をさわるのか（what）

手で創られ、使われ、伝えられる「本物」のリアリティを体感できない時は、質感・機能・形状にこだわり、〝さわる〟ためのレプリカを制作・活用する。

↓さわれない物（視覚情報）をさわれる物（触覚情報）に変換する創意工夫の積み重ねにより、日々発展し続けるのがユニバーサル・ミュージアムである。

3.いつさわるのか（when）

人間の皮膚感覚（広義の触覚）は二四時間・三六五日、休むことなく働いており、自己の内部と外部を結びつけている。

↓展示資料に〝さわる〟行為を通じて、身体に眠る潜在能力、全身の感覚を呼び覚まし、万人の日常生活に刺激を与えるのがユニバーサル・ミュージアムである。

4.どこでさわるのか（where）

〝さわる〟研究と実践は、博物館のみならず、学校教育・まちづくり・観光などの他分野にも拡大・応用できる。

→両手を自由に動かす「能動性」、多様な感覚を動員する「身体性」、モノ・者との対話を楽しむ「双方向性」を促す場を拓くのがユニバーサル・ミュージアムである。

5. なぜさわるのか（why）

世の中には「さわらなければわからないこと」「さわると、より深く理解できる自然現象、事物の特徴」がある。

→視覚優位の現代社会にあって、サイエンス、アート、コミュニケーションの手法を駆使して、触文化の意義を明らかにするのがユニバーサル・ミュージアムである。

6. どうさわるのか（how）

「優しく、ゆっくり」、そして「大きく、小さく」〝さわる〟ことによって、人間の想像力・創造力が鍛えられる。

→「より多く、より速く」という近代的な価値観・常識を改変していくために、〝さわる〟マナーを育み、社会に発信するのがユニバーサル・ミュージアムである。

「障害」の研究は手段

最後に、今後の盲人史研究に対する僕の期待を述べて、第三章を締め括ることにしましょう。本書各章で、僕は文脈によって「盲人」と「視覚障害者」を使い分けています。大ざっぱな区別としては、「前近代＝盲人」「近現代＝視覚障害者」です。前近代は「人」としてマジョリティとは別の集団を保持した。一方、近代以降はいい意味でも悪い意味でもマジョリティに統合され、社会を構成する「者」となった。このように僕は理解しています。

しかし、いうまでもなく歴史は多面的で、大河のようなものです。単純に盲人と視覚障害者を区分するのは危険でしょう。江戸時代の盲人組織の団結力が、明治期の盲学校創立時にプラスに働いたのは間違いありません。また、中世の琵琶法師の師弟による芸能の伝授は、広義では「教育」と呼べるものでしょう。「視覚障害教育＝盲学校＝近代」という歴史観は浅薄です。盲人史と視覚障害者史を貫く沃野を耕す研究者。小さくまとまらずに、人類史の中に触文化を位置づけることができる研究者でありたいというのが僕の願望です。

僕は自分が取り組んでいる研究が「障害学」（disability studies）と称されることに違和感があります。「障害」という視点を取り入れ、既存の学問の枠組みを問い直すのが本来の障害学です。障害学は欧米でも注目されており、僕もその影響を受けています。障害当事者にとって、自身がイニシアティブを取ることができる障害学は魅力的です。でも、近年の障害学は、「障害」を研究することが自己目的化しているのが気になります。もともと、「障害」の研究は「既存の学問の解体・再構築」を意図する手段だったはずです。

僕は盲人史や触文化の研究をすることによって、日本史学や文化人類学の領域にインパクトを与えたいと考えています。あくまでも僕は日本史・文化人類学の研究者であり、その研究手段として「障害」を用いているのです。これからも「障害」をキーワードとして、他分野に切り込んでいきたいと強く願っています。たとえば、被差別部落史、先住民文化などの研究者との交流も有意義でしょう。「Let's drink sake!」の双方向コミュニケーションで、自分の研究の枠を広げていきたいです。

【コラムⅢ】唄に込められた心波――スティーヴィー・ワンダーと瞽女をつなぐもの

在外研究のため米国滞在中の二〇一四年三月、ケンタッキー州ルイヴィルにある点字出版所を訪ねた。この施設は一九世紀半ばから点字雑誌、教科書などを製作し、全米の視覚障害者に届けている。古い点字本やタイプライター、盲学校用の教材を展示する「ミュージアム」が設置されているのも大きな特徴である。

僕が訪問した日、そのミュージアムでスティーヴィー・ワンダーに関する企画展が行われていた。スティーヴィーはアメリカを代表するミュージシャンで、日本でも全盲のシンガー・ソングライターとしてよく知られている。彼はいち早くシンセサイザーを用いて、あらゆるジャンルの音楽を吸収・融合し、独特のサウンドを創造した。スティーヴィーの少年時代の全米ツアーには盲学校の教員が同行し、点字による個人指導がなされていたという。企画展では偉大な音楽家の足跡と、それを支えた視覚障害教育の意義が強調されていた。

スティーヴィーをはじめ、アメリカには全盲の歌手が多い。二〇世紀初頭には「ブラインド」を冠するブルースシンガーが各地で活躍していた。音と声で自己の内面、目に見えない世界を表現する唄作りは、視覚障害者に適しているのだろう。僕は、唄とは「心に湧き出る波動＝心波」を声に出す行為と定義している。

唄の伴奏楽器には違いがあるものの、邦楽にも盲人音楽の蓄積が存在する。盲目の女性芸能者である瞽女は、三味線による語り物を習得し、全国を旅した。瞽女たちは説経節や浄瑠璃など、さまざまなスタイルの芸能を吸収・融合し、瞽女唄を発展させた。昭和四〇年代に録音された何人かの瞽女の唄が残っているが、それらを聴いてみると、瞽女唄とは何なのか、よくわからなくなる。ある瞽女は、瞽女が唄う唄が「瞽女唄」なのだと言っている。十人十色とも感じられる発声法や三味線技法など、瞽女唄は多様で奥深い。だが、

スティーヴィー・ワンダーが使っていたピアノ。アメリカン・プリンティング・ハウスの企画展にて（2014年３月撮影）

人生の中でとらえた音を体内に取り込み、心波として発信する点において、伝統的な瞽女唄はスティーヴィーの現代音楽に通じるのではなかろうか。

　唄に込められた心波を敏感にキャッチするのは聴き手の感性である。名曲が生まれる背景には、聴き手の共感があることを忘れてはなるまい。唄い手の心波と聴き手の心波の相互接触、触れ合いこそがスティーヴィーや瞽女たちの盲人音楽を育んだともいえよう。シンパシー（共感）とは、心波を全身でみること、すなわち心波 see なのだと、僕は考えている。テレビ、インターネットなど、大量の視覚情報に依存する今日、目に見えないものの価値は忘却されがちである。時には目をつぶり、ブルースや瞽女唄にじっくり耳を傾け、身体全体で心波を味わう時間も大切だろう。

第四章　ある当事者団体の挑戦

1　視覚障害者の教育環境

盲学校卒業生の大学進学

二〇〇一年一一月、僕は仲間とともに「視覚障害者文化を育てる会」（4しょく会）を結成しました。いわゆる当事者団体である4しょく会は、さまざまなイベントを企画・実施しています。第一章～第三章で述べたように、「視覚障害者であること」の意味を学際的に研究するのが僕のライフワークです。4しょく会は僕の研究を鍛え、育てる「実践の現場」でもあります。第四章では、4しょく会が誕生する背景となった視覚障害者の近代史を概説しましょう。

明治時代になって、日本が文明開化・西洋化していく流れの中で、各地に盲学校が設立されます。日本で最初の盲学校は「京都盲唖《もうあ》院」です。その後、東京や新潟、大阪に相次いで盲学校が設置され、近代視覚障害者教育が始まります。初期盲教育の最大の眼目は、ハンディキャップを持つ視覚障害者が、どうすれば生きていけるのか、つまり職業的自立でした。もっと俗っぽい言い方をすると、飯を食っていくための手段を身につけさせるのが最優先の課題ということになります。盲学校の職業教育で重視されたのは按摩・鍼・灸、箏《そう》・三味線などの音曲です。江戸時代以前の先人の蓄積を踏まえ、明治以降も視覚障害者が伝統的職業を守り、伝えていくことが文字どおりの「生命線」と位置づけられました。

按摩・鍼・灸、あるいは箏曲という職業が長い歴史の中で育まれ、それを目の見えない人たちが発展させてきた事実はたいへん重要ですし、世界に誇るべき視覚障害者文化だといえます。しかし、伝統を継承するだけでいいのでしょうか。近代になって見常者は職業選択の自由を得て、いろいろな職に就く可能性を手に入れます。一方、視覚障害者には依然として前近代の職業しか選択の幅がありませんでした。

新職業開拓に関しては明治から今日に至るまで多様な試みがありますが、ここでは大学進学に注目しましょう。自分の能力を伸ばすために大学に進み、遅れている日本の障害者福祉の向上に寄与したい。そんな視覚障害者のパイオニアが明治後期から登場します。優秀な生徒は盲学校から高等教育機関に進学したいと願うのは当たり前でしょう。ところが、第二次大戦前の日本には二つのバリアが存在しており、視覚障害者、とくに点字を使っている人たちが大学に入ることは困難な状況でした。

第一は制度面のバリアです。簡単に言うと、第二次大戦後の教育改革がなされるまで、盲学校は通常の学校として認められていませんでした。だから、盲学校を卒業しても大学受験資格が与えられないということになります。第二は精神的バリアです。大学当局は「目が見えない人が大学に来るなんて無理でしょう」「障害者用の特別な設備もないし、図書館には点字の資料は一つもない」と公言し、視覚障害学生の受験を門前払いしました。設備云々という以前に、障害者に対する偏見や先入観が強い時代が長く続いたのです。

昨今の大学はサービス業化しており、学生（お客さん）を集めるのが一苦労という状態になっています。そのおかげで学内に「障害学生支援室」を置く大学が増えて、重度の身障者もお客さんとして歓迎されるようになりました。言葉は悪いけれど、戦前は「厄介な学生は我が大学に来なくていい」というのが日本の高等教育機関の本音だったのです。制度面・精神面のバリアのため、視覚障害者（点字使用者）が大学で勉強するなんてありえないというのが戦前の常識だったといえるでしょう。誤解がないように補足しますが、たとえば関西学院など、キリスト教系の大学に盲学生が入った事例は戦前にもいくつかありました。ただし、それはほとんど例外なく聴講生という形での入学で、正規の学生として受け入れられたわけではありません。

戦後のGHQによる教育改革で、まず制度面のバリアが除去されます。盲学校・聾学校が一般の学校として認可され、卒業生は大学受験資格を手にしました。精神面のバリアは法的措置だけでは解消されませんでしたが、視覚障害者の先輩たちが少しずつ大学進学の道を切り開いていきます。一九四九年、点字使用の視覚障害者を正規の学生として初めて受け入れたのは同志社大学です。その後、新時代の幕開けを象徴するかのように、大学進学をめざす若者が増加しました。

按摩・鍼・灸など、視覚障害者の伝統的職業は今後もしっかり受け継いでいくべきものでしょう。でも、「これしかない」という前近代的社会システムは問題です。盲学校生徒の大学進学志望は「決められた道への反発」の語で要約できます。「あなたには按摩・鍼・灸の仕事しかない」と本人以外の人（社会）から決められてしまうのは悲しいことですし、他の分野にも挑戦したいと思うのが若者らしい野心ではないでしょうか。

もう一つ、僕には素朴な疑問、個人的な不満があります。僕は不器用なので、こんな人間が鍼灸をしたら、患者さんは不幸でしょう。向き不向きは、努力だけではどうしようもない。中世の盲人はすべて琵琶法師になっていたといわれていますが、きっと音痴な人だっていたはずです。中学時代、音楽で五段階評価の「１」を付けられたことがある僕は、もしも中世に生まれていたら、琵琶法師になれず、間違いなく野垂れ死にしていたでしょう。選択肢が一つしかないぎりぎりの状況は、死ぬ気で頑張るという精神論的なよさはあるかもしれませんが、限定された「生命線」を死守する当事者たちは悲惨でした。

文月会の歴史的役割

一九六〇年代から現在まで、多少のジグザグはありますが、視覚障害者の大学進学者数は増加傾向です。一九六一年七月、現役の視覚障害大学生や卒業生を中心に「日本盲人福祉研究会」（文月会）が結成されます。文月会は、前述の「視覚障害者文化を育てる会」（4しょく会）の母体となった組織で、僕も一九九〇年代には西部地区委員として会活動に加わっていました。設立当時の高邁《こうまい》な理想が「盲人」「福祉」「研究」の語に集約されています。ただ、漢字が並ぶと堅苦しいので、七月に誕生したことに因んで「文月会」が愛称として用いられることになったのです。

文月会は大学進学した視覚障害者のセルフ・ヘルプ・グループ的な役割を果たしてきたといえます。戦後のブームが一段落する一九五〇年代には、視覚障害者の大学進学率が伸び悩んでいました。受験交渉を経て、やっと大学に入っても点字の本はないし、ボランティアもいない。一生懸命勉強し、なんとか卒業できたとしても、仕事がない。「出戻り」といって、大学卒業後に按摩・鍼・灸の資格を取るために盲学校に復学するケースも多々見受けられました。苦労して大学に入る、苦労して大学で勉強する、苦労して就職先を探す。報われない苦労をするくらいなら、盲学校でしっかり按摩・鍼・灸の技を磨き、職業的に自立した方がいい。これは消極的というのではなく、生きていくためのより確実な選択だったのではないでしょうか。

文月会の結成メンバーとなった大先輩方は、「大学進学者を減らしてはならない」という切実な願い、使命感を持っていました。戦後民主主義の時代が到来し、視覚障害者も大学で勉強ができるようになった。そして、まだ可能性は少ないが新職業に就く人も出ている。この流れを絶やしてはいけない、後輩を育てなければ……。まさにセルフ・ヘルプ（自助）の発想です。

文月会のスローガン、取り組むべき課題は三つありました。第一が大学の門戸開放です。まず視覚障害者の大学進学の場合、「大学を受けさせてください」という所から始まります。一九五〇〜六〇年代には「全盲の人の受験は認めるが、点字出題はしない」といった理不尽が罷り通っていました。墨字（視覚文字）を読むことができない全盲者に、どうやって試験を受けろというのでしょうか。

今日、点字受験では一・五倍の時間延長が標準となっていますが、これが当然のものとして社会的に認知されるのは一九七九年の共通一次試験（現在のセンター試験）実施以後です。七〇年代前半までは試験時間は見常者といっしょ、国語の試験で漢字の問題が出てきたら、点字では減点扱いするという大学が多数ありました。また、点字受験は準備がたいへんなので、英語や国語の長文問題も含め、すべてを口頭試問形式で行う大学も珍しくなかったのです。このような不平等な条件でも、大学に合格した視覚障害者の先輩を僕は素直に尊敬します。

文月会の奮闘もあって、二一世紀の日本では点字受験が権利として認められるようになりました。センター試験が点字出題、点字解答を制度化したので、国立大学は点字受験希望者に対応する義務があります。一部の理系分野などは例外として、私立大学でも視覚障害者の受験拒否をする差別はほとんどなくなりました。

第二の課題は入学後の学習環境の整備です。視覚障害者の大学生は、どうやって勉強していくのでしょうか。入学試験の「機会の平等」が保障されても、教科書や参考書を自由に読むためには高いハードルがありました。ちょうど僕が大学に進学した一九八七年ごろが、障害者にとっての「IT革命」の開始時期です。近年では全盲者もパソコンで墨字の読み書きができるし、インターネットでさまざまな情報にアクセスすることが日常化しています。しかしパソコンがない時代には、点字か音訳(録音)で勉強するしかありませんでした。

一九七〇年代以前は「奉仕」という言葉が使われていましたが、主婦層を中心とするボランティア活動が盛んになるのは八〇年代以降です。日本社会そのものが貧しい時代には、大学生の教科書を点訳してくれるボランティアは少数でした。そうすると、自分で点字の本を作るしかないわけです。具体的には、同じ授業に出ている同級生にお願いして教科書を読み上げてもらう。それを一文字ずつ自分でプチプチ点字で打つ。気の遠くなる作業です。友達の協力が得られない場合、最後に頼るのは家族でした。まさに家内制手工業の夜なべ仕事で、なんとか翌日の授業用の点字教科書を自作していたのです。

同じ試験を受けて、同じ大学生になったのに、目が見える・見えないだけで学習環境は大違い。晴眼学生はふらっと本屋に行って教科書を買う。古本もあるし、立ち読みもできる。そして、家で寝転がりながら本を読めます。一方、視覚障害学生は頭を下げて音読を依頼し、授業以外の時間帯に手工業に励むのです。こんな不合理な環境の下、文月会の先輩たちは大学を優秀な成績で卒業しました。家内制手工業には知力もさることながら、体力・気力も必要だったでしょう。

一九七〇年代には学生運動などの影響もあって、視覚障害者の「学習権」が意識されるようになります。従来は「とにかく大学当局には迷惑をかけない」「自己責任で勉強するしかない」というのが視覚障害学生の実情でした。七〇年代に視覚障害学生の数が増えたこともあり、自分たちだけが努力、遠慮しなければならないのはおかしいと、ようやく堂々と言えるようになったのです。大学が視覚障害の学生を受け入れたからには、最低限の学習環境を整えるべきだ。こういった正論を掲げて公的保障を求める運動も始まります。文月会も学習環境の整備については、理論・実践の両面で視覚障害学生をリードしました。ここではもう一つ、一九七一年に学生の当事者グループとして結成された「関西SL」を紹介しましょう。SLとは「Student Library」、つまり学生図書館です。まず学生ボランティアを組織し、カセットテープや点字の本を作る。それを自分たちの手で保管し、視覚障害者の仲間や後輩に活用してもらう。文字どおり「学生の学生による学生のためのライブラリー」です。

関西SLの設立以来の基本スタンスは「肩代わりとしての公的保障」でした。大学をはじめ、国や都道府県立の公共図書館などが視覚障害者の学習権を保障するのが最終的な目標です。公的保障という理想は一朝一夕に実現できるものではないので、あくまでも肩代わりとして関西SLが学生の手で学生をサポートする。やはり体力・気力が必要な活動ですが、家内制手工業よりは前向きになったといえるでしょう。

関西SLのOB・OGが文月会の会員ともなり、視覚障害者の学習環境は七〇～八〇年代に改善されていきます。僕はよく「パソコンの威力とボランティアの知力」という言い方をしますが、この二つの「力」によって、昨今の視覚障害学生の学習環境は激変しました。僕が学生だった三〇年前と比べても隔世の感があります。いい時代になったのは確かですが、それでは昔の視覚障害学生が保持していた体力・気力はどこに行ったのでしょうか。

2　なぜ「視覚障害者文化」なのか

文月会の解散

門戸開放、学習環境の整備に続く文月会の第三の課題は卒業後の進路、すなわち就職問題です。大学で身につけた専門的な知識をどうやって仕事に活かすのか。大学卒業者が按摩・鍼・灸以外の職業で、きちんと飯を食っていけるかとなると、戦後七〇年間、お寒い状況は変わっていません。

文月会の運動の成果として、各自治体の公務員試験や教員採用試験における点字受験の実現を挙げることができます。じつは僕が大学に入った一九八七年には、まだ国家公務員試験を点字で受験することができませんでした。文月会の先輩方の粘り強い交渉によって、国家公務員試験の門戸が開放されるのは一九九一年。ほんの四半世紀前の話なのです。

教員や公務員は視覚障害者にとって適職かもしれませんが、その一方で一般企業で働くとなると非常に苦しい。せっかく優秀な成績で大学を卒業し、いわゆる一流企業に就職しても、同僚との人間関係がうまくいかない。目が見えている人とチームを組んで仕事を進めていく場合、視覚障害者はマイノリティですから、なかなか能力を発揮できず退社してしまう。僕たちの周りでも就職・就労の深刻な体験談をよく耳にします。

さらに東洋医学ブームの影響などもあって、按摩・鍼・灸業にどんどん見常者が進出してきました。もはや按摩・鍼・灸は視覚障害者の専業とはいえない現状です。大学進学者は順調に増えましたが、職業面では過酷な生存競争に直面せざるを得ません。残念ながら、体力と気力だけではどうにもならない厚い壁が立ちはだかっています。

文月会は門戸開放、学習環境の整備、卒業後の進路開拓という三つの課題を掲げて、四〇年間活動を続けてきました。四〇年の地道な運動には敬意を表したいですし、戦後生まれの視覚障害者たちは文月会の恩恵に浴して、充実した大学生活を過ごすことができたのは間違いありません。ここで、ある視覚障害学生と文月会の付き合いについてお話ししましょう。体力はそこそこ、知力と気力はほとんどない広瀬君の回想です。

僕が文月会の名前を知ったのは、一九八七年の大学入学直後だったでしょうか。正直「盲人福祉研究会」と聞いて、盲人ばかりが集まって、しかも福祉を研究するなんて、きっと暗い団体に違いないと思いました。周りの人に誘われて、なんとなく西部地区の新入生歓迎会に参加したのが五月の終わりごろです。

文月会は西部・中部・東部の三つの支部に分かれていて、それぞれ関西・名古屋・東京を中心に地区活動を展開していました。僕は東京出身で大学から京都に来たので、関西には視覚障害者の知り合いがほとんどいません。当時の僕にとって日曜に『NHKのど自慢』と『新婚さんいらっしゃい！』をみずに出かけるというのは、かなり勇気（？）ある決断だったのですが、歓迎してくれるならいいかなと軽く考え、「暗い団体」に顔を出すことにしました。

この新入生歓迎会で視覚障害の先輩、全盲の社会人に出会います。目が見えなくても高校の先生、図書館職員など、いろいろな仕事ができると知って、一〇代だった僕は驚きました。先輩との縦のつながりに加え、同世代との横のつながりも大切です。個々の大学には視覚障害学生が一人か二人しかいませんが、関西全体では数十人になります。視覚障害学生に付随して、各大学の点訳サークルの晴眼メンバーと知り合う機会があるのも当事者団体の利点です。文月会で得た視覚障害関係のネットワーク、人脈は今の僕の大きな財産になっています。

文月会に代表されるような視覚障害者のコミュニティは、米国における日系人の立場と似ているのではないでしょうか。日系人たちはアメリカ社会で頑張って働くわけですが、週に一回とか月に一回、ロサンゼルスのリトルトーキョーやサンフランシスコのジャパンタウンといった日本人町に集います。そこで日本語を使ってコミュニケーションし、愚痴を含め、種々の生活情報を交換するのです。

視覚障害者の場合も、多数派である見常者の中で勉強や仕事をしていると、時には同じ障害を持つ仲間同士で腹を割って語り合う当事者コミュニティが恋しくなります。リトルトーキョーやジャパンタウンに入り浸りというのはよくないですが、文月会のようなマイノリティの自助グループは重要であり、そこで元気をもらう人も多かったでしょう。

文月会は晴眼の家族やボランティアも巻き込んで、奥行きのある当事者運動を繰り広げました。二一世紀に入ったころ、発足から四〇年を経た文月会は大きな転機を迎えます。一言で総括すると、後継者不足。どこの世界も同じですが、だんだん若い人が団体に所属しなくなってきました。体力と気力を要する集団行動は、「暑苦しい」「時代遅れ」といって敬遠されてしまいます。

門戸開放、学習環境の整備という面では文月会の目標が達成され、運動の求心力がなくなったのも事実です。二〇世紀後半、視覚障害者たちは困っている、なんとかしてもらえないかという悩みを抱え、文月会を頼りました。二一世紀には自力でなんとかなるから、もう「リトルトーキョー」「ジャパンタウン」はいらないという認識が定着します。時代の変化は喜ぶべきかもしれませんが、四〇年の歴史を持つ団体の終焉に立ち会うのは複雑な心境でした。

総会で文月会の解散が提案された際、西部地区の委員をしていたのが、現在の4しょく会の中心メンバーです。幹部の高齢化、若手会員の減少も理解できますが、やはり文月会の存在意義は大きい。もっと会を続けてほしいと僕たちは主張しました。それに、文月会の第三のテーマである就労問題に関しては、まだまだ取り組むべき課題が残っていると、会存続を訴えたのです。

でも、僕たちも中途半端で、「じゃあ、おまえたちがやれよ」と言われたら、そこまでの覚悟はありません。数百人の会員を保有する全国組織をまとめるのは現実的にたいへんなことで、僕たちでは実力、経験ともに不足していました。解散・存続の押し問答をしていても非生産的ですし、新会長を引き受ける人がいなければ、どうしようもない。西部地区委員で相談を繰り返す中で、いつまでも文月会に甘えるのはよくない、自分たちができる範囲で新団体を創立するのが潔いのではないかという結論に達しました。こうして生まれたのが「視覚障害者文化を育てる会」（4しょく会）なのです。

4しょく会の将来構想

新しい会を立ち上げるに当たって、僕たちは「文化」をキーワードとすることにしました。単純に目が見えなくても文化を享受するという思考ではなく、斬新かつユニークな文化を創造しようという志です。目が見えない・見えにくい「視座」から見常者中心の社会のあり方を問い直し、従来型の価値観・人間観の改変を迫る。こんな思いを込めて、「視覚障害者文化」を掲げることにしました。

聴覚障害者（ろう者）は手話の使用者であるという自信に立脚し、「ろう文化」を宣揚しています。近代以降の視覚障害者は、どちらかというと見常者への同化意識が強く、独自の文化を標榜する動きは弱かったというのが僕の印象です。これは言語である手話と、文字である点字の違いに由来するのかもしれません。「ろう文化」ほどラディカルでなくてもいいので、視覚障害者文化を探究してみよう。そして、そんな新しい文化をみんなで育てていきたいと決意しました。

文月会は会の性質上、大学進学した視覚障害者が運営を担っていたのですが、4しょく会は学歴や職業、目が見える・見えないにこだわらず、みんなで「視覚を使わない」おもしろさと豊かさを社会に発信することをめざしています。まだ関西中心で小規模な組織ではありますが、日本社会、さらには世界を変えていく意気込みを忘れないつもりです。やはり4しょく会も体力・気力勝負の長距離走になる予感がしています。

二〇一一年六月、4しょく会は「生存から共存、そして自存へ――私たちがつくる視覚障害者文化の未来」と題して、設立一〇周年の記念イベントを開催しました。僕が執筆したイベント案内文から抜粋しましょう。

二〇〇一年一一月、四つの〝しょく〟（食・色・触・職）を活動理念として「視覚障害者文化を育てる会」が発足しました。皆様のご支援とご協力により、本会は今年、設立一〇周年を迎えます。発会当時、二〇代〜三〇代の青年だった運営スタッフは、それぞれの立場で人生経験を積み、今では壮年となりました。最近ではフレッシュな若手もメンバーに加わり、会員数も安定しています。本会は草創期から発展期に入ったといえるでしょう。（中略）

一九世紀は、視覚障害者にとって生きることそのものがままならない過酷な時代だったといえます。ルイ・ブライユによる点字の考案、そして日本点字の完成は、視覚障害者の〝生存〟を可能とする画期的な事件でした。二〇世紀、視覚障害者は見常者（晴眼者）との〝共存〟を模索し、各分野で試行錯誤を繰り返します。盲学校教育の充実、大学進学、就労問題などなど、私たちの先輩の努力により、バリアフリーの課題は一つずつクリアされてきました。パソコンの普及は視覚障害者のライフスタイルを激変させ、今日では見常者との円滑なコミュニケーションのための必須のツールとなっています。「生存＝点字」「共存＝パソコン」。それでは、二一世紀とは視覚障害者にとってどんな時代なのでしょうか。

今回の記念イベントではこの一〇年間、私たちが開拓してきた「視覚障害者文化」の意義をあらためて検証します。視覚障害者が自らの存在の意味を問い直し、「文化」という観点で自己の生活や体験を再評価する。〝自存〟の追求から「目が見えないことを異文化として積極的にとらえる」真の自尊心も生まれるでしょう。二一世紀は「自存＝文化」の時代であるというのが私たちの思いです。

設立一〇周年の記念講演で、僕は4しょく会の未来について、四つの約束をしました。それは出藍の誉れ、つまり四〇年間活動を続けた文月会に追いつき、追い越すための4しょく会版「四〇年プラン」でもあります。最後に四つの公約を掲げ、「ある当事者団体の挑戦」の中間報告を締め括ることにしましょう。

①「食べ続けて育てる後輩」

この一〇年余、僕たちは4しょく会の「らしさ」を希求してきましたが、なんとか会の土台はできたのではないかと感じています。僕をはじめ、運営スタッフも中年になってきたので、そろそろ後輩を育てることを考えていかなければなりません。会の継続・発展には若者の体力と気力が不可欠でしょう。もちろん、僕たち中年世代も元気よく〝食べる〟永遠の青年でありたいと願っています。

②「七色の夢を追い求める好奇心」

何といっても4しょく会の最大の特徴は独自性です。とにかく、おもしろいことを探してみよう。ちょっとした工夫をして、目が見える・見えないに関係なく楽しめる世界を広げていこう。4しょく会イベントの根底には、常に好奇心があります。高齢者になっても〝色〟を忘れずに、好奇心を持ち続けていたいものです。

③「世界にさわる行動力」

僕は博物館で「さわる展示」を研究・実践しています。テレビやインターネットを通じて、自宅にいながらにして、さまざまな視覚・聴覚情報を入手できる時代ですが、モノにさわるためには博物館に来なければなりません。触覚情報はその場に行って手を動かさないと得られないのです。どうしても目が見えないと外出面でハードルがあるわけですが、4しょく会は現場主義をモットーとし、極力いろいろな所へ出かけていきたいと思います。

動くことから何かが始まる。多種多様な事物に〝触れる〟行動力は、今後ますます大事にすべきだと肝に銘じています。

④「自分の職業、生き方にプライドを持てる幸福」

目の「不自由」な人が、見常者中心の社会で働くのは、まだまだ容易ではありません。そういうシビアな状況にあって、視覚障害者たちが「自分は目が見えないけれど、それなりに幸福です」と言えることは大切なのではないでしょうか。やりがいのある〝職〟を獲得し、自己実現を求め、胸を張って堂々と生きる。こんな仲間を増やすことが4しょく会の壮大なる社会改良計画です。障害者が幸福を実感できる社会は、きっと万人にとって暮らしやすい社会となるでしょう。

マイノリティの社会改良計画にマジョリティをどうやって、どこまで巻き込んでいけるのか。自尊と自存を指向する4しょく会の当事者運動は、これからが正念場です。

体力と気力を養うために

4しょく会が「視覚障害者文化」として取り上げてきたテーマは就労、スポーツ、アート(制作・鑑賞)、観光など、多岐にわたっています。「視覚障害者文化」を育成するためには、ユニークなイベントを継続的に企画・実施していかなければなりません。「継続は力なり」といわれますが、「力」とは体力と気力であるというのが僕の率直な感想です。
ここでは「視覚障害者文化」の具体例として、最近のイベント案内文（二〇一五年一二月、二〇一六年六月・一一月）を紹介しましょう。

〈運読〉で楽しむ『源氏物語』——視覚障害者が古典文学を味わう三つの方法

源氏は奥深い。源氏は難しい。源氏はすばらしい。

いうまでもなく、『源氏物語』は千年以上も読み継がれている日本文学の最高傑作です。高校時代の古文の授業で源氏の読解に悩まされた人、漫画や現代語訳版で荘厳な王朝文学の雰囲気に親しんだ方も多いのではないでしょうか。さまざまな関連書籍が視覚障害者用に点訳・音訳されている事実は、『源氏物語』の人気を示しています。

奥深いから難しい。難しいからすばらしい。目で『源氏物語』を読んできた見常者に対し、視覚障害者は「聴読」（耳で読む＝録音図書）と「触読」（指で読む＝点字図書）という方法で、源氏の世界にアプローチしてきました。そもそも『源氏物語』は、平安朝の女房たちの朗読によって楽しまれていたといわれています。紙が貴重で、印刷技術が未発達な時代、音読は物語を広める手段として有効でした。聴読は和語の優しい響き、流麗な文章のリズムを耳で感じる「古くて新しい読書法」といえるでしょう。

一方、触読は行きつ戻りつしながら、指で単語を一つずつ読み進めていく作業です。もともと仮名で書かれた『源氏物語』。それを点字で読み解いていく触読は、古典解釈の王道なのかもしれません。

聴読と触読は視覚障害者にとって伝統的な読書法だと定義できますが、じつはその背後には見常者にも共通する「行間を読む」文化があることは重要です。今回の4しょく会イベントでは、視覚障害者発の第三の読書法として「運読」(体で読む＝立体コピー)を提案します。紫式部の『源氏物語』は、筆で紙に書かれました。そして、その物語は写本という形で、多数の人々によって書き写されます。物語を書いた作者、それを筆写した老若男女の思いや息遣いを実感するためには、写本そのものを立体コピーし、指で文字をなぞる身体運動が必要です。墨で書かれた線を指先で辿る行為は、写本作りの追体験ともいえます。千年以上もの間、先人たちの手から手へと伝えられてきた『源氏物語』。その運筆(筆の使い方)の妙味を体感するのが運読なのです。

(中略)聴読・触読に加え、運読というユニークな鑑賞法を獲得すれば、視覚障害者にとって古典文学は身近で豊かなものになるでしょう。さらに、運読をユニバーサルな読書方法として、4しょく会から多くの見常者に届けていければと願います。「物語　筆と体で　運ばれる」

どっぷり＋あっさり＝どっさり――学び方・働き方・生き方：視覚障害者「らしさ」の大研究

現在、視覚障害者コミュニティには「どっぷり盲人」と「あっさり盲人」の二グループがあります。「どっぷり盲人」とは、比較的早い時期に失明した人、あるいは盲学校卒業生。点字に対する愛着が強く、視覚障害者のオリジナリティにこだわっているタイプです。4しょく会の運営スタッフの多くは「どっぷり盲人」に分類されます。一方「あっさり盲人」とは、いわゆる中途失明者です。盲学校とはあまり縁がなく、仕事・生活においてはパソコンによる墨字処理を中心とし、点字には頼りません。厳しい就労環境の下、「あっさり盲人」は「見常者と同じことができる」能力を獲得するために努力しています。

少し前の中途失明者は、中高年であっても否応なく点字を学習していました。墨字が読めない失明者は、点字の習得によって「視覚障害者として生きる」自信と覚悟を得ていたのです。職業自立をめざして、中途失明者が盲学校に入学するケースも珍しくありませんでした。ところが、最近は点字を覚えなくても、パソコンで情報収集・発信ができます。また、盲学校以外の施設でもリハビリ、生活訓練が受けられるようになりました。

二一世紀の今日、インクルーシブ教育の理念が普及し、地域の学校に通う視覚障害児が増えています。まだまだ不十分とはいえ、按摩・鍼・灸以外の職業的選択の幅も広がりました。「どっぷり盲人」は少数派となり、「あっさり盲人」の割合が増加しているのが近年の傾向です。視覚障害者コミュニティが「どっぷり」と「あっさり」に二分されるのは、多様性という意味で歓迎すべきでしょう。個々人の多様性が尊重される社会にあっては、目が見えない・見えにくいという共通点のみに立脚し、視覚障害者コミュニティの団結を追求する発想そのものが時代錯誤なのかもしれません。

しかし、障害者差別解消法の施行がきっかけとなり、当事者の発言に注目が集まる中で、視覚障害者全体の利益、集団としての独自性を模索する学び方・働き方・生き方は重要なのではないでしょうか。視覚障害者の数は見常者に比べると圧倒的に少ないので、各人がそれぞれの居場所で主体性を発揮し、「合理的配慮」のあり方を提言していかなければなりません。「どっぷり」と「あっさり」の相互理解・協力により、視覚障害者の存在感を「どっさり」社会にアピールすることができるはずです。

（中略）ニーズが多様化する昨今の視覚障害者は、どこにアイデンティティの拠り所を求めればいいのか。「どっぷり」と「あっさり」の連帯を可能とするには、何が必要なのか……。「どっさり」とした厚みを持つ視覚障害者文化を創造するためには、「どっぷり」と「あっさり」の違いを乗り越える〝盲人力〟（視覚障害者「らしさ」を肯定できる集団の底力）が不可欠です。見常者中心の社会に異議申し立てをし、「差別解消」を訴える前に、まずは僕たち自らが仲間に対する「合理的配慮」をしっかり身につけることが先決でしょう。「ここにある　どっさり学び　生きる道」

足元を掘り、顔前を彫る――古代の発掘、未来の彫刻

人はどこから来て、どこへ向かうのか。この永遠の問いに対する答えを求めて、人間は過去を掘り（発掘）、未来を彫って（彫刻）きました。足元を深く掘り下げ、顔前の景色を浮き彫りにする。今回の「視覚障害者文化を育てる会」（4しょく会）のイベントのテーマは、「掘る＝彫る」です。ちなみに、4しょく会では「眼前」（目の前）に代わって、「顔前」（顔の前）という言葉を用います。いうまでもなく、「顔」は視覚障害者にとって外界を認知する重要なセンサーです。「眼＝点」にとらわれず、「顔＝面」で物事を考えよう。視覚のみに限定せず、五感をフル活用しよう。「顔前」にはこういった意味が含まれています。目で見ず、顔で感じるイベントが4しょく会の理想です。

秋のイベント会場である京都市考古資料館には、たくさんの考古遺物が収蔵されています。一般に、貴重な「文化財」として博物館に展示される考古資料には、さわることができません。しかし、土器や石器などの道具はもともと手で作られ、使われてきたものです。それらに僕たちが時空を超えて直接触れれば、古代人と握手する感覚を味わうことができるでしょう。今回のイベントでは土器や石器のみならず、和同開珎などの古銭や瓦にも触れることができます。縄文土器と弥生土器の手触りはどう違うの？　僕たちの遠いご先祖様はどんな生活をしていたの？　これらの素朴な疑問を手探りで解き明かすために、考古遺物を一つずつじっくり触察してみましょう。現代を生きる僕たちの手は、古代人との握手を介して、過去を掘り未来を彫ることができるはずです。

考古学者は自らの手で遺跡を発掘し、出土した遺物の触感を確かめます。そして、さまざまな資料を比較・検討することにより、文字には書き残されていない歴史、古代の深層文化を明らかにしていくのです。触覚を通じて、目に見えない世界を探究する学問であるという点で、考古学は視覚障害者に適しているのかもしれません。本イベントの目的は、「手を使う行動力＝掘る」「眼前ではなく顔前を意識する想像力＝彫る」の二つをキーワードとして、考古学の魅力に触れることです。

（中略）秋の京都で、足元を掘り顔前を彫る。行動力と想像力を発揮し、考古学体験をともに楽しみましょう！「深く掘り　広く彫ったら　夢ひらく」

【コラムⅣ】「ユニバーサル」の原点は温泉にあり！

全盲の僕は、「ユニバーサル・ミュージアム＝誰もが楽しめる博物館」の研究に取り組んできた。近年は触覚をテーマとする企画展、ワークショップを各地で開催している。そもそもユニバーサルとは何か。さまざまな実践を積み重ねてきた僕にとっても、この問いに答えるのは難しい。やや唐突だが、ユニバーサルと聞いて、僕が想起するのは温泉である。ここでユニバーサルとは「湯に・バー・去る」、すなわち「多様な人々が同じ湯に入り、各自のバー（障壁）を取り去ること」と定義したい。「裸の付き合い」という言葉が示すように、障害や年齢、肩書きに関係なく、万人が楽しめるのが温泉の魅力だろう。

視覚障害者でも友人、家族と温泉に出かける人は多い。広い湯船で手足を伸ばし、身体と精神をリラックスさせる。すべての入浴者を温かく包みこむ湯には、バーがない。初対面の人同士がごく自然に会話を交わすケースもよくある。たしかに、温泉は社会に潜む種々のバーを取り去る機能を持つ。だが、視覚障害者が温泉に入る際、多少の遠慮があることも忘れてはなるまい。

視覚障害者にとって厄介なのは温泉内の移動である。裸の他人にぶつかるのは避けたい。白杖で無防備な人を押しのけるのも危険である。気持ちよく、安全に温泉を満喫するとなると、健常者に介助を依頼しなければならない。介助者が家族や友人なら、さほど気遣いすることもないだろう。それでも、相手のペースに合わせることは必要となる。「彼は体を洗い終わったようだ。こちらも急がなくては」「彼は落ち着きがない。そろそろ風呂を出た方がいいかな」などなど。いやはや「湯にバー去る」を実現するのはなかなかたいへんである。

先日、温泉の新たな楽しみを体験する出来事があった。平日の出張で、福島県のある温泉に宿泊した。たまたま深夜に、僕は一人で温泉に向かった。予想どおり、この時間に男湯にいるのは僕だけらしい。入口で「誰かいますか」と声をかけたが、返事はない。これはチャンスだ！　僕は白杖を片手に温泉探検を始めた。流れる湯の音で、なんとなく湯船の場所はわかる。僕は広い湯船の中を歩き回り、中央付近で思いっきり体を伸ばした。洗い場の位置を順番に確認していくと、端に階段がある。注意しつつ上がってみると、どうやら露天風呂のようだ。景色を見ることはできないが、僕は心地よい風と温泉のにおいを味わいながら、大声で「いい湯だな」を歌った。

福祉の文脈でユニバーサルを考えると、障害者も健常者と同じことができる環境を整えるために、介助者を手配するのが最重要となる。しかし、時にはあえて障害者を放し飼いにし、単独で動く自由を保障する発想も大切にしたい。それにしても、全盲男性がふらふら、よたよたと温泉を探検する。この怪しい姿をビデオ撮影したら、おもしろい作品になったかもしれない。いや、撮影する前に、まずは他人様にお見せできる体になるよう、ダイエットに励まなくては！

第五章　触る感動、動く触感

1　西村公朝と梅棹忠夫

「ふれ愛」の境地とは

「ふれあい」と「ふれ愛」は違う。仏像の修理修復の第一人者で、京都の愛宕念仏寺の住職だった西村公朝《こうちょう》（一九一五〜二〇〇三）との出会いから二〇年が過ぎ、僕は「ふれ愛」の意味が少しだけ理解できたような気がしています。一九九三年、大学院生だった僕はふれ愛観音のことを知り、愛宕念仏寺を訪ねました。その後、同寺の点字パンフレット作成の件で数度、公朝師と親しくお話しする機会をいただくことになります。優しい声でゆっくりと語りかける公朝師は、僕にとって仏様そのものでした。

でも、当時の僕には「ふれ愛」の真意がわかっていなかったのです。「ふれあい」は福祉系の催し物や施設名でよく使われています。「ふれあい」とは、多数派（健常者）からの押し付けであるというのが僕の印象です。すばらしい仏像なのに、なぜ通俗的な名称にされたのだろう。これが、二〇代の僕の生意気な感想でした。

二〇〇一年、僕は国立民族学博物館（民博）に就職します。〇六年の〈さわる文字、さわる世界〉展で、ふれ愛観音を借用・展示しました。〇六年以来、公朝師が制作した仏像レプリカが所蔵される吹田市立博物館の「さわる展示」の企画にも毎年協力しています。この一〇年余、「さわる展示」の実践的研究に取り組んできました。その過程で、ようやく「ふれ愛」の境地に近づくことができたのではないかと感じています。以下に「ふれ愛」の三要素を僕なりに整理してみましょう。

1. 愛にふれる（物）

ふれ愛観音にさわるとは、どのような目的・効果があるのか。まず、ここが出発点です。第一には、目の見えない人が観音様の形を触覚で確認できるという意義があります。しかし、公朝師は単なる形の把握にとどまらず、さわることによって、仏像に込められた仏の愛を伝えたかったのではないでしょうか。僕は、さわるとは「目に見えない世界を身体で探る手法」だと定義しています。仏の愛、そしてそれを表現しようとした仏師の願いは、「目に見えないもの」の好例です。ふれ愛観音は、博物館の展示において何をさわるのかという本質的な問いに、明確な答えを与えてくれるでしょう。

2. 愛でふれる（人）

僕はふれ愛観音のふっくらした頬っぺたが大好きです。この頬にさわっていると、安らかな心になります。各地で「さわる展示」を実施する僕の最大の悩みは、どうすれば「さわるマナー」を定着させることができるのかという点です。少なからぬ来館者は「さわる＝壊してもいい」と考えます。博物館の側でも「大勢の人がさわるのなら、破損してもいい消耗品を用いる」方針が主流です。物の背後にある人や文化に対し、愛を持って優しく、ゆっくりさわる。これは簡単なようで、大量生産・消費が日常化している現代社会には根付きにくいマナーでしょう。どうやってさわるのかという具体的方法を学ぶ資料として、ふれ愛観音は有効活用できるはずです。

3. 愛がふれる（場）

ふれ愛観音は、単に視覚障害者のために作られたものではありません。公朝師が強調したのは、ふれ愛観音の眼です。ぱっちりした両眼、盛り上がる瞳は僕たちを上から見下ろすのでなく、同じ高さで見つめています。ふれ愛観音と、それにさわる僕たちの間には、公朝師が生涯かけて追求した「仏の世界」が現出するのです。仏の世界とは、宗派の垣根を超えて、障害の有無、年齢・国籍などに関係なく、万人が「あなたも仏」と実感できる愛の場ではないでしょうか。僕がめざすユニバーサル・ミュージアムの要点は、ふれ愛観音に凝縮されているといえそうです。

「愛」とは、①内から外へと溢れる〝物〟のエネルギー、②身体を駆使して「音を観る」〝人〟の想像力（観世音菩薩力）、③主体・客体が一体化する〝場〟の波動でしょう。物・人・場の三つの側面から「ふれる」行為にアプローチし、目に見えない仏を鮮やかに造形したのが西村公朝です。この二〇年、僕は独創性にこだわる研究を続けてきたつもりですが、じつは公朝師の手のひらの上で遊ばせてもらっていただけなのかもしれません。今後、研究の方向に迷った時、僕はふれ愛観音に優しく、ゆっくりさわるでしょう。公朝師が開拓した「ふれ愛＝祈りの造形」を応用し、僕なりのスタイルで「さわる

目の見えない人が理解し感動する仏像、誰もが自由に手でふれられる仏像として、1991年に制作された「ふれ愛観音」（2006年の国立民族学博物館の企画展〈さわる文字、さわる世界〉にて）

展示」を発展させていきたいと願っています。

梅棹忠夫の思想

二〇〇六年の〈さわる文字、さわる世界〉展以降、僕は全国各地でさわる体験型ワークショップを開催してきました。一五年度採用の小学四年生の国語教科書（学校図書）に拙文「さわっておどろく」が掲載されたことがきっかけとなり、小学校での特別講演、子ども向けイベントの依頼も増えています。また同じく一五年度から、東海大学の学芸員養成課程の「博物館実習」において、集中講義でユニバーサル・ミュージアム論を担当することになりました。本実習でも、さわるワークショップ形式の授業を取り入れています。僕が提唱する「触文化」への関心が、各方面で確実に高まっている手応えを実感できるのは嬉しいことです。

これまで僕は、自分が行うワークショップのタイトルとして「手学問のすゝめ」を用いてきました。福澤諭吉（一八三五〜一九〇一）に代表されるように、二〇世紀までの近代的な学問は視覚・聴覚に依存していますが、二一世紀の学問は触覚、全身の感覚を総動員するダイナミックな体系に移行すべきだというのが僕の持論です。学問のあり方、ひいては個々人のライフスタイルを改変していくのは容易なことではありませんが、さわる実体験を楽しむワークショップは、そのための導入となるでしょう。

ふれ愛観音の考察などを経て、僕自身の触文化研究が深化したことを明示する狙いで、二〇一五年度からワークショップの新たなタイトルとして〈触る感動、動く触感〉を使っています。本来ならば、西村公朝の驥尾に付して「ふれ愛」を掲げたいところですが、未熟な僕が「愛」を語るのは早すぎるでしょう。それに、中年男性が臆面もなく「愛」を持ち出すことへの多少の躊躇もあります。〈触る感動、動く触感〉には、さわることで全身の皮膚感覚を刺激し、自己の内部に潜在する「目に見えない身体知」を導き出そうという僕の意図が込められているのです。「触る感動」「動く触感」という言葉を使用するようになった背景には、民博の創設者・初代館長の梅棹忠夫（一九二〇〜二〇一〇）の思想があります。

二〇一二年度の民博のインフォメーションゾーンの新構築の一環で、「世界をさわる」コーナーが設置されました。僕は、このコーナーを所管する情報展示プロジェクトのメンバーの一人です。本コーナーの新設準備の第一歩として、僕はあらためて梅棹の著作を読み返すことにしました。

梅棹は、民博の展示場の中で来館者個々が「ものとの対話」を実践することを推奨しています。展示された「もの」から来館者が自発的に情報を入手するために、解説文は必要最小限の文字数にとどめる。これが梅棹の基本スタンス、民博の展示ポリシーだといえます。梅棹は展示の課題について、「まず『もの』にふれていただきたい。そしてそれに接した人が、自由に知的な想像力をはたらかせてほしい」と主張するのです。さらに彼は、民博の開館日に『毎日新聞』の学芸欄に寄稿した「たのしい国立民族学博物館」という文章で、次のように述べています。

「展示品そのものは、ごく日常的な生活用具である。泥のついたままの農具や、きのうまでつかっていたような食器や衣服、まつりや儀式の仮面、楽器、要するに人間の体臭がじかに感じられるような、ナマの品物なのである。みる人は、エリをただして鑑賞するかわりに、それらの道具をつくった人、つかっていた人に、人間としてのすばらしさを共感し、たのしめばいいのである」。「……おもいきって展示品を露出していることである。ガラスケース類をなるたけすくなくして、モノとみる人とのあいだに空気が直接かようようにしたのである。世界中の人間がそれぞれにつくりだした手づくりの道具が生命をもつもののようにわれわれにかたりかけてくる。みる人はそれをうけとめ、対決しなければならない。異文化との対決は、かなり『きびしい体験』であるかもしれないが、そのかわりにそこにひじょうな『たのしさ』がうまれてくるのである」（『毎日新聞』一九七七年一一月一七日夕刊）。

梅棹が「ものとの対話」の眼目として重視する「生命」（物）、「知的な想像力」（人）、

「共感」（場）は、西村公朝の「ふれ愛」に通じる概念といえるでしょう。民族学研究と仏像彫刻。二人の偉大な先達は、各々の信念と実行力で「目に見えない世界」を探究したのです。僕は今、両者が存命中に話を直接うかがうチャンスを与えられた幸せを噛みしめています。〈触る感動、動く触感〉は、「ものとの対話」「ふれ愛」を僕なりに再解釈し、ユニバーサルな（誰もが楽しめる）体験学習法として練り上げたワークショップです。「触る感動」「動く触感」をよりリアルに体感するためのキーワードとして、以下の三つを考えています。

・深…自己の内面と向き合い、「モノ・ローグ」（物言わぬモノとの対話）を率先躬行する
・伸…全身の「触角」を駆使して、能動的に情報を掴み取る
・新…「気配＝気配り」を身体で意識し、他者とのコミュニケーションを楽しむ

第一章・第二章で述べたように、僕は中学・高校の六年間を東京の盲学校で過ごしました。そして大学の卒業論文執筆以来、琵琶法師・イタコ（盲巫女）・瞽女などの盲人史研究に継続的に取り組んでいます。〈触る感動、動く触感〉は、そんな僕の「人生のフィールドワーク」の所産なのです。次節では〝深〟〝伸〟〝新〟の具体的な内容を概説しましょう。

2　紙上ワークショップ

ウォーミングアップ

ワークショップ〈触る感動、動く触感〉は、参加者の年齢・関心に応じてメニューを微調整することもありますが、トータルとして以下の三部で組み立てるのが原則です。「深める身体」（世界のさまざまな民具にじっくりさわる）、「伸ばす身体」（『平家物語』を耳だけでなく全身で味わう）、「新しくなる身体」（視覚に頼らず、気配を感じて合気道を楽しむ）。さあ、ここからは読者のみなさんに〈触る感動、動く触感〉を体験していただきます。本のページの手触りを意識し、視線（指線）で活字を追いながら、紙上ワークショップをお楽しみください！

まず最初にウォーミングアップとして、三種類のトーテムポールのミニチュアを提示します。どのポールの値段がいちばん高いのか、参加者に推理してもらうのです。少なからぬ人は、単純に大きくて重そうなポールを選ぶでしょう。ここで僕はポールの裏面を示します。じつは二種類のポールの裏面には何の細工もなく、もっとも背の低いポールにのみ彫刻が施されているのです。

ここから、以下の二つのことがわかります。「視覚は迅速かつ大量に情報を収集することができるが、目で見ているのは物の表面、一方向だけというケースが多い」「一般に、世の中に流通する製品は見て学ぶ、見て楽しむことを前提として作られている」。他方、触覚の特徴は「裏・表の区別なく、前後・左右・上下、あらゆる方向から情報をキャッチする」点です。僕自身が三つのトーテムポールの全体像を把握するためには、明らかに見常者よりも時間がかかるでしょう。しかし、表裏をまんべんなくさわる触常者は、どのポールが高価なのか、正確に言い当てることができます。ウォーミングアップで視覚と触覚の違いに気づいてもらい、いよいよワークシ

トーテムポールのミニチュア三種（広瀬浩二郎所蔵）

ョップの本番開始です。

深める身体

〝深〟では、「見るだけでは認知しにくいこと」「さわらなければわからないこと」を自らの手で探る触学・触楽を主題としています。まず、形が丸く、手のひらでさわりやすい大きさの民具を触察するのが第一段階です。参加者が触覚に集中できるように、アイマスクを着用したり、会場を暗闇にすることもありますが、目をつぶるだけでも、「視覚を使わない」効果は得られるでしょう。

参加者からは手触りや重さ、温度の違いなどについて意見が出ます。また、楽器や玩具などは実際に手で動かしてみて、初めて鳴らし方、遊び方を知ることができるものです。僕は触文化のエッセンスとして質感・機能・形状の三つを挙げています。触文化の意義を体感する手段として、民具の触察は有効です。参加者のコメントを集約した上で、僕が触察のポイントを整理し、第二段階へと進みます。

アジア、アフリカ、中南米など、世界各地の玩具、置物（広瀬浩二郎所蔵）

次は、やや複雑な形のものの触察です。何種類かの素材を組み合わせた民族楽器、繊細な手工芸品などは、参加者の好奇心に訴えかけるモノの生命力を持っています。ここでは、どうやってモノにさわるのかというノウハウ（身体知）を習得するのがテーマです。さわるマナーとして、以下の四つが重要でしょう。①モノを創り、使い、伝えてきた人々、文化に対する敬愛の念を持って〝優しく〟さわる。②時間をかけて丁寧にモノの細部を確かめるために〝ゆっくり〟さわる。③両手のひらで〝大きく〟さわって、モノの全体をとらえる。④指先で〝小さく〟さわって、モノの細工や構造を確認する。

バングラデシュの手工芸品、西アフリカの楽器（広瀬浩二郎所蔵）

①と②は触覚の作法、③と④は触覚の技法です。こういったさわり方を繰り返せば、モノの背後にある「目に見えない物語」を触学・触楽できるでしょう。

〝深〟とは、自己の内面と向き合い、「モノ・ローグ」（物言わぬモノとの対話）を率先躬行することです。〝深〟の本質を端的に示す「最後の瞽女」小林ハル（一九〇〇～二〇〇五）の言葉を引用します。「あんた方は、唄の文句を字に書いておくすけ、瞽女唄を覚えられん。後でそれを読めばいいから雑作もないことだと思っているだろう。一度聞いたら一度で覚えろ。私どもは、これを字に書かないでおいて文句から節まで一緒に覚えていったもんだ。寝ても起きてもそのことだけを考えて、余計なことを思わないようにしてきたものだった」。

小林の発言の根底には、異文化との対決を「きびしくも、たのしい体験」と喝破した梅棹忠夫に相通じる理念が流れています。現代人に瞽女の覚悟を求めるのは難しいですが、触覚の作法と技法を深める真剣さは、きっと二一世紀の触文化の成熟をもたらすでしょう。

伸ばす身体

〝伸〟では、『平家物語』の現代語訳の点字本を僕が朗読し、その後に同じ場面を琵琶法師による語りのCDで鑑賞します。CDは、名古屋在住の邦楽家・今井勉（一九五八〜）の〝音〟と〝声〟を収録したものです。今井氏本人も視覚障害者で、中世以来の琵琶法師の演奏法・発声法を忠実に継承しています。まずワークショップ参加者が驚くのは、琵琶法師の語りのテンポが遅いことです。独特の間と単調な音律は、ややもすると参加者の眠気を誘います。現代語訳を読み上げれば三〇秒で終わる段落が、琵琶を伴奏とする語りでは三分以上かかるのです。アップテンポで多彩な音色の音楽に親しんでいる現代人にとって、『平家物語』はなじみにくい伝統芸能といえるでしょう。
視覚優位の今日、インターネットやテレビを介して、僕たちは厖大な画像・映像を日々見て（見せられて）います。しかし『平家物語』が大流行する中世には、視覚以外の情報も尊重されていました。「より多く」「より速く」という近代的な価値観は視覚の特性に合致していますが、『平家物語』を支えていたのは、それとは相容れない独自の世界観・人間観だったのです。

源平の合戦が各地で繰り広げられたのは一一八〇年代でした。それから五〇年ほど経過すれば、リアルタイムで戦を「見た」人はほとんどいなくなります。そんな時、〝音〟と〝声〟で歴史を鮮やかに再現したのが琵琶法師だったのです。彼らは自己の語りにリアリティを付与するために、色彩表現を随所に鏤《ちりば》め、聴衆の想像力を刺激しました。那須与一が扇の的を射る情景描写は、画像・映像に頼らない聴覚芸能の真骨頂でしょう。中・近世の老若男女は、琵琶法師のゆっくりとした語りを聴きながら、長大な歴史絵巻を自由に思い描いていたのです。「より少なく」「より遅く」という所に、じつは『平家物語』が聴衆を引き付けた魅力があったのかもしれません。

〝伸〟とは、全身の「触角」を駆使して、能動的に情報を掴み取ることです。前近代の民衆は『平家物語』を耳で聴くだけでなく、まさに身体各所の毛穴から手を伸ばすようにして味わっていました。音の波動を触角でとらえるイメージです。琵琶法師の〝音〟と〝声〟を体内に取り込んだ聴衆は、想像力を発揮し、自力で「目に見えない」画像・映像を組み立てていました。琵琶法師、そして彼らの語りを支持した健常者にとって、情報とは受動的に入ってくるのではなく、能動的に獲得するものだったのです（前近代社会では、「健常者≠見常者」であることにも注意したいと思います）。二〇世紀の日本人が追い求めてきた「便利さ」は、僕たちの先祖が保持していた豊かな想像力を衰退させてしまったのではないでしょうか。

全盲の僕のナビゲートで、『平家物語』の〝音〟と〝声〟に耳（触角）を傾ける体験は、見常者が視覚の限界と触文化の身体性を再認識する貴重な機会となっています。二一世紀を生きる僕たちの遺伝子には、「視覚を使わない」からこそ得られる想像力が確実に息づいているのです。

〝伸〟の本義を要約した言葉として、明治期に神戸で瞽女唄を聴いたラフカディオ・ハーン（一八五〇～一九〇四）の感想を紹介しましょう。「私はこれほど美しい唄を聴いたことがありません。その女の声の中には人生の一切の悲しみと美とが、また一切の苦と喜びが震動しておりました」。触角の役割を忘却した現代人は、唄の「震動」を受信する感性を持っているでしょうか。人生の一切の悲しみと美、一切の苦と喜びを聴く作法と技法は、ふれ愛観音にさわる心構えにもつながります。僕には琵琶そのものを弾くことはできませんが、「琵琶を持たない琵琶法師」として『平家物語』の精神を受け継いでいく所存です。

新しくなる身体

〝新〟では、ワークショップ参加者同士が二人ペアとなり「ふれる合気道」に挑戦します。ここではペアのうち一人がアイマスクを着けるのが望ましいでしょう。元来、武道においても視覚は重要であり、相手（敵）の動作、周囲の状況変化に柔軟に対応するために、目は不可欠です。しかし、いわゆる達人のレベルになれば、目に見えない気の流れを察知し、身体を動かす技が求められます。合気道の開祖・植芝盛平（一八八三～一九六九）は、漆黒の闇の中で真剣を用いる稽古を繰り返しました。真っ暗闇では視覚を使えない（使わない）ので、真剣を避けるには必然的に気を身体でとらえることになります。

映画『座頭市』で有名な勝新太郎（一九三一～九七）は、盲目の剣豪を演じるに当たって、合気道の本部道場を訪ねました。その際の興味深いエピソードが残っています。彼が受けたアドバイスは「風を感じて動け」でした。風とは、気とも言い換えることができるでしょう。人間が身体を動かす時、かならず空気が揺れます。その微かな波動に敏感に対処すれば、視覚に先んじて相手を制することが可能となるはずです。凡人の僕には「風を感じて動く」のは無理ですが、そのような「視覚を使わない」武道の奥義があることは、漠然とわかってきたような気がしています。

半人前ではありますが、これでも僕は合気道の有段者です。全盲の僕が道場で合気道を行う周りには、同じ稽古をする見常者が多数います。彼らにぶつからないように自分の位置と方向を確認しつつ動くのは、それなりにたいへんなことです。僕は全身の触角を作動し、道場の壁までの距離、前後・左右の見常者たちの様子を「目に見えない」画像・映像として身体に取り込みます。僕にとって、気配とは文字どおり「気配り」なのです。もちろん、座頭市ではない僕は稽古の途中で道場の壁に突進することがよくありますし、同門者の気配りによりスムーズに合気道ができている面が大きいでしょう。でも、二〇年以上も道場に通う中で、視覚を使わない武道の極意、目に見えない身体知に少しだけ近づけたのも事実ではないかと思います。

参加者の安全確保が第一のワークショップでは、いきなりアイマスクを着けて合気道をしてもらうのは難しいでしょう。僕がワークショップに採り入れているのは、ごく初歩的な運動、技以前の「気の感応」です。互いの腕が接する点に気を集め、二人で自然に動いてみます。離れた相手の風を受信するのは高度なテクニックですが、ふれ合った接点から相互の心を読み取るのはさほど困難ではありません。

相手が前に進むのなら、優しく、ゆっくりその流れに付いていく。そして、自分からも目に見えない気を送る。身体が者・物にふれている皮膚感覚を大切にして点を線、面へと広げていく合気道は、「ふれ愛」の武道バージョンともいえます。さらに、ふれ愛合気道は単なる武道の稽古法にとどまらず、一種のノンヴァーバル・コミュニケーションとして、学校教育の現場などへの応用も考えられるでしょう。

視覚を使わない合気道の技の実例は、他にもいくつかあります。視覚・聴覚・触覚のスピードを単純に比較する実験も好評です。ただし、まだ僕自身の合気道が発展途上であり、ワークショップの技のチョイスも確定していません。ふれ愛合気道は試行錯誤を重ねている段階であり、技の詳細な説明は「乞うご期待」ということにいたします。

〝新〟とは、「気配＝気配り」を身体で意識し、他者とのコミュニケーションを楽しむことです。〝深〟〝伸〟が参加者個々の覚醒を呼びかけるものだったのに対し、〝新〟は他者との交流に力点を置いています。個人の意識変革が社会変革を引き起こす「触発の連鎖」を体験的に感得するのが、〝新〟の最終目標です。〝新〟の可能性を力強く宣言するスローガンとして、江戸時代末期に活躍した盲目の箏曲家・葛原勾当（一八一二〜八二）の和歌を挙げることができます。「鶯の声だにきけば梅の花　咲くも咲かぬも嬉しかりけり」。

この和歌は、鶯の声で春の訪れを喜んでいた葛原にとって、梅の花が咲くか咲かぬかという視覚情報はどうでもいいと言っているのではありません。葛原は自らが考案した木活字を用いて、四〇年以上も日記を書き続けた人です。盲目の彼自身は、その日記を読み返すことができませんでした。では、自分では読めない日記を書く意義は何なのでしょうか。おそらく、葛原の日記は周囲の見常者とのコミュニケーションの道具、自己が生きた証を後世に伝える手段だったのではないかと、僕は考えています。

右記の和歌で葛原が言いたかったのは、鶯の声という聴覚的なサインがあれば、梅の花が咲く・咲かぬにかかわらず、誰もが春の気配を楽しめるということだったのではないでしょうか。鶯の声をきいて春を感じる人（視覚的には梅の花が咲いているのがわからない人）と、梅の開花によって春を感じる人の共生を宣揚するのが葛原の真意でした。僕が〝新〟を提案する一〇〇年以上も前、すでに一九世紀に葛原は見常者と触常者の協働の実現に向けて、目に見えない心象風景を手探りで記録していたのです。

先が見えない道を進む

さて、僕は〈触る感動、動く触感〉ワークショップを各地で実施し、その成果に基づいて二一世紀の風土論を構築したいという壮大な野望を抱いています。目に見えるもの（土）と、目に見えないもの（風）の相互接触により文化が生まれる。この〝風〟と〝土〟の関係は、古今東西さまざまです。歴史学・文化人類学の研究の蓄積を踏まえ、ユニークな風土論を確立できるのは、視覚に依拠しない触常者なのだと僕は信じています。〈触る感動、動く触感〉は、〝土〟に〝風〟を吹き込む試み、触常者版の風土論の序章なのです。

最後に、第二章に引き続き僕の詩をここに掲載します。最近では〈触る感動、動く触感〉を子ども向けにアレンジし、小学校などでワークショップをする機会が増えてきました。大阪のキッズプラザでは「暗闇探検」というイベントを毎年担当しています。以下の詩は、「暗闇」の趣旨を小学生にわかりやすく伝えるために書いたものです。「暗闇探検」を経験した小学生が中学生、高校生となり、いつの日か本書を手にする。そして、触常者版の風土論に共感する同志となる……。そんなことを願っています。

暗闇探検――先が見えない道を進もう

暗くても怖くない
だって声があるから
暗くても危なくない

だって手があるから

僕が怖くないのなら、君も怖くないはず
見えない君の足音に向かって、僕はそっと小さな、そして大きな声を出す
僕が危なくないのなら、君も危なくないはず
見えない君の体温に向かって、僕は優しく、ゆっくり手を伸ばす

そうだ、みんなの声と手があれば、迷わずに前に進むことができる

何も見えないけど、何かを感じられるから楽しい
誰にも見られていないと、心が軽くなる
暗いから怖くない
暗いから危なくない

闇を吸いこみ、闇を吐きだす
僕の声は、君の声と響きあう

僕の手は、君の手と触れあう
闇は壁を溶かし、僕と君をつなぐ

僕の中にはいつも闇がある
僕が動けば闇も動く
闇が動けば僕も動く

先が見えないから、暗闇はおもしろい
僕は君とともに暗闇探検を続ける
闇を動かし闇に動かされて、僕たちは音と熱を追いかける
みんなが進めば、そこに道ができる

【コラムV】「Peace of Pieces」プロジェクト

年齢、国籍、障害の有無などに関係なく、誰もが楽しめる博物館が「ユニバーサル・ミュージアム」である。さまざまな piece（破片）が集まることにより、優しくて強い真の peace（平和）が生まれる。ミュージアムが peace を創造・発信する場だとすれば、piece とは個々の来館者（老若男女）、および多感覚で鑑賞できる作品なのではなかろうか。ユニバーサル・ミュージアムを具体化する研究と実践の積み重ねは、「Peace of Pieces」の社会を創るための壮大な実験ともいえるだろう。

多様な piece を集めるという点において、二〇一五年に岡山県立美術館で開催された「目の目 手の目 心の目」展は、きわめて有意義だった。展示された作品は、視覚のみでなく聴覚・触覚などで体感できるものばかりで、来館者に新たな鑑賞方法を提示した。また、これまで美術館に来る機会があまりなかった人々を呼び寄せることに成功した点は高く評価できる。

岡山県立美術館が教育普及事業の一環で継続的に取り組んでいる盲学校との連携プログラムは、全国的にみても斬新かつユニークである。二〇世紀型の従来の美術館は、視覚芸術を見学する場所、すなわち「目で感じ、目で楽しむ」文化施設とされてきた。そういった常識に挑戦し、美術館による peace を拓くために、あえて視覚障害者に着目する戦略は有効だろう。

「目の目 手の目 心の目」展は来館者・展示作品の両面で、バラエティに富む piece を収集することができた。いうまでもなく、展覧会は一過性のイベントで終わるものではない。岡山県立美術館には、優しくて強い peace を築く先駆者として、今後も個性的な piece に焦点を当てる企画を続けていただきたい。

「目の目 手の目 心の目」展には、「さわってもいい」作品、「さわらなければわからない」作品が多数出展されていた。いずれも手応え十分で、僕自身も触察鑑賞の醍醐味を満喫した。では、「さわってもいい」「さわらなければわからない」の次は何だろう。それは「さわることにより完成する」作品なのではないか。不特定多数の来館者が展示作品に触れれば、汚損・破損は避けられない。資料保存の観点に立脚するなら、美術館での触学・触楽はタブーということになる。たしかに、美術館の piece の中には貴重なお宝も存在する。しかし、それと同時に、汚損・破損というマイナスではなく、さわることがプラスに働く作品もあってもいいと思う。

二〇一六年一月、僕はワークショップ「石で遊ぼう」に参加した。石が割れる音、石の手触りを楽しみつつ、僕は大きさも形もばらばらな石の破片を小さな箱に詰めた。石の断面はでこぼこしており、手でさわると痛い。その断面を上に向けて、僕は不揃いのpieceを無心に並べた。「この石の断面をたくさんの人が撫でれば、きっと少しずつ角が丸くなり、ゴツゴツがスベスベになるはずだ」。美術館を訪れるpieceたちが実際に手を動かし、作品を完成形へと導く。僕一人がさわるだけでは、石の断面が滑らかになるまでに数十年かかるだろう。だが、すべての来館者が平らかで和やかな心を持って石に触れれば、スベスベのpeaceが比較的短時間で具現するのかもしれない。

「目の目　手の目　心の目」展の次なるステップは、「さわることにより完成する」作品を集める展覧会の実施だろう。素人の僕が思いつかないような傑作pieceの登場を期待したい。岡山県立美術館の「Peace of Pieces」プロジェクトは、これからが本番である!

第六章 「触識」のすすめ

1　バリアフリーとユニバーサルの違い

さまざまなる「さわる絵本」

僕は「ユニバーサル・ミュージアム」（誰もが楽しめる博物館）の実践的研究に取り組んでいます。世間一般には、「ユニバーサル・ミュージアムとは、さまざまな障害者に優しい博物館、社会的弱者に開かれた博物館である」と考えている人がけっこうおられるでしょう。「ユニバーサル＝障害者対応」という認識はあくまでも出発点であり、最終ゴールはもっと広く、大きなものです。ユニバーサル・ミュージアムがバリアフリーと混同されるのは、その提唱者が視覚障害の当事者である僕だからなのかもしれません。当事者の強みを活かしつつ、普遍的な議論を展開する。これは研究者である僕の永遠のテーマです。

本書の読者のみなさんは、バリアフリーとユニバーサルデザインの違いをなんとなく理解しておられるでしょうか。教科書的な定義は日本でもよく知られるようになりました。ところが、博物館の現場ではバリアフリーとユニバーサルデザインがはっきり区別されず、曖昧に使われている面があります。あらためて、ここで二つの概念の違いを確認しておきましょう。

　本節で取り上げるのは二種類の「さわる絵本」です。「さわる絵本」だから、目で見るだけでなく、手で触れて楽しむことができます。まず一つ目のパターンは、『これ、なあに？』という絵本です。つるつる、ざらざらなど、手触りの違いを楽しみながら、本を読み進めていきます。つまり、目が見える・見えないに関係なく、子どもたちが絵の触感を味わうというのが本書のコンセプトです。少し言い方を変えると、触感を主題とした結果、目が見えない子どもも楽しめるようになったとも解釈できるでしょう。『これ、なあに？』は幼児向けですが、物の形や数をさわって把握する小学校低学年用の絵本シリーズもあります。

　二つ目のパターンは『こぐまちゃんとどうぶつえん』です。こぐまちゃんシリーズはよく読まれているので、みなさんも懐かしい思い出があるかもしれません。『こぐまちゃんとどうぶつえん』は、もともと目で見て楽しむために作られました。この絵本を目が見えない子どもにも触学・触楽してほしいという発想で、「さわる絵本」バージョンが誕生したのです。

『これ、なあに？』（偕成社）の表紙

『こぐまちゃんとどうぶつえん』（こぐま社）の表紙

「さわる絵本」バージョンは視覚障害児のために発行されたものなので、見常児がこの絵本にさわることは想定していません。見常児には通常の絵本があるわけだから、わざわざ「さわる絵本」を購入する必要はないでしょう。今、無意識に「通常」という言葉を使ってしまいましたが、『これ、なあに？』はさわるのが通常、『こぐまちゃんとどうぶつえん』は見るのが通常ということです。

最近、さわる図録、さわるアートブックなどを作る博物館・美術館が少しずつ増えています。点字は文字情報を伝えることはできますが、グラフィック情報を点図にするのはなかなかたいへんです。近年、透明な樹脂を使う新しい印刷技術が普及し、さまざまな触感を表現できるようになりました。さわる図録やアートブックは、「こぐまちゃん」と同じプロセスで製作されます。もともと、絵画や写真があり、それをどうやって目が見えない人に伝えることができるのかを考える。原画を凹凸化し、さわって理解できるように工夫する。これは、視覚から触覚への翻訳ともいえる作業です。

三色旗から三触旗へ

もう一つ、本の紹介をしましょう。二〇一六年八月、学習まんが『ルイ・ブライユ』（小学館）が刊行されました。最近は小学校の国語教科書でブライユのことが取り上げられているので、彼はちょっとした有名人になっています。小学生が点字やブライユの調べ学習をするので、「これは売れるぞ！」ということで、各社がブライユの伝記を出版しました。ブライユの母国・フランスでも彼の伝記はそんなに多くないので、日本のブライユブームはユニークです。小学館版の学習まんがは子ども向けではありますが、最新の研究成果も盛り込み、貴重な写真も多数収録しました。

学習まんが人物館『ルイ・ブライユ』（小学館）の表紙

僕は「ストーリー協力」という形で本書の企画・編集に関わっています。まんがのベースとなるシナリオ作成に当たって僕が意識したのは、いわゆる「当事者」の立場です。ルイ・ブライユに関する史料は不足しており、点字発明前後の詳細な状況など、不明な部分が多々あります。そこで、時代と環境は異なるものの、ブライユと同じ全盲である僕自身の体験、点字に対する思いなどをシナリオに盛り込むことにしたのです。

従来の伝記では、ブライユは視覚障害者に「光＝文字を読み書きする喜び」を与えた偉人として取り上げられてきました。今回の学習まんがにおいて、僕は「ブライユは人類に真の自由・平等・友愛をもたらした『フランス革命の大成者』である」と主張しています。点字に込められた創造力・発想力が、見常者のライフスタイルを変化させる可能性を秘めていることを力説したつもりです。この本が小学校などの教育現場で広く活用されることを期待しています。

まんがを翻案して、さわってわかる形にするのは困難なので、この本の中身は基本的に目で見て楽しむものです。しかし、表紙だけは『これ、なあに？』と同じ発想で、さわることにこだわりました。点字の考案者の伝記なので、やはり読者の子どもたちには本物の点字にさわってもらいたい。表紙の上部には点字で「しょーがくかんばん　がくしゅーまんが　じんぶつかん」（小学館版学習まんが人物館）と書きました。そして、表紙下部の中央に、少し大きな点字で「るい　ぶらいゆ」（ルイ・ブライユ）とあります。

子どもたちが表紙の点字を見て、さわって、解読できるように、本の中に点字の一覧表を掲載しました。お金と手間をかけて表紙に点字を印刷してくれた出版社には敬意を表したいです。点字の触感は電子書籍では伝えられないので、紙の本ならではのアピールポイントともいえるでしょう。

点字だけならさほど珍しくもないですが、この表紙の最大の特徴は中央部、向かって右側に印刷されたフランス国旗の触図にあります。触図とは、視覚障害者が写真や図などのグラフィック情報を理解するために、盲学校や点字出版所で主に教材として開発・利用されている技法です。凹凸の線や点の組み合わせ、あるいは特殊なインクを用いて画像を触覚的に表現します。つまり、視覚情報を「さわってわかりやすい形式」に置き換えるのが触図のエッセンスだといえるでしょう。

こういった触図作りの原則を否定するわけではありませんが、三色旗の触図化に際して僕がこだわったのは触覚表現のオリジナリティでした。三色旗の青・白・赤を触覚的に表すという考え方を僕は採用しません。そもそも三色旗とは、フランス革命の理念である自由・平等・友愛を象徴しているともいわれます。すくなくとも、世界中のさまざまな人々が各人各様の自由・平等・友愛の理想を三色旗に託し、この旗から勇気と希望を得てきたのは間違いありません。それでは、自由・平等・友愛を示す触覚表現とはどんなものなのでしょうか。

ルイ・ブライユの登場以前、各地の盲学校で使われていたのは、視覚文字を凹凸化した「浮き出し文字」です。ブライユは「視覚には線文字が適しているが、触覚で速く正確に読み書きできる文字は、点で構成する方が合理的である」という当事者の論理に立脚し、まさに手探りの試行錯誤を重ね点字を完成しました。三色旗の触図化を通じて、僕はブライユの精神を多少なりとも具現することができたのではないかと自負しています。大げさに言うなら、三色旗から三触旗への転換と要約できるでしょうか。

三触旗では自由を斜線、平等を無地、友愛を点点で表しました。この触図表現は僕の趣味、いわば独断です。無地は自由、点点は平等ではないか、斜線ではなく縦線・横線を使うべきだという意見もきっとあるでしょう。また、点の大きさ、線の太さについても好みは分かれるかもしれません。三触旗談義がきっかけとなり、点字のみならず、触図への関心が各方面で高まれば幸いです。本来の触図とは視覚情報を触覚に置き換えるものではないことを強調するために、あえて三触旗には色を付けませんでした。

三色旗が抽象的な理念を可視化したものだとすれば、三触旗は「可触化」の産物です。可視化は科学の進歩、近代化を象徴する言葉ですが、二一世紀の脱近代社会を拓くのは「可触化」ではないでしょうか。障害の有無に関係なく、たくさんの見常者が学習まんがの表紙にさわり、十人十触の自由・平等・友愛の夢を心に描いてほしいと願っています。

「さわる博物館」の意義

いくつか例を挙げてきましたが、そろそろバリアフリーとユニバーサルの違いを整理しましょう。僕は全盲の視覚障害者ですから、五感ではなく四感しか使えません。バリアフリーとは「障害者の足りない部分を補う＝補助」の発想に根ざしています。活字が読めない・読みにくい視覚障害者に点字パンフレット、音訳雑誌を提供するのはバリアフリーです。「視覚を使えない」人々に対し、どうやって視覚情報を補っていくことができるのか。この問いかけが視覚障害者対応のバリアフリーのスタートであり、ゴールでもあります。

歩くことができない車いす使用者のために、スロープを設置する。音声言語によるコミュニケーションが難しい聴覚障害者のために、手話通訳者を手配する。これらもバリアフリー施策の代表例でしょう。目で見る通常の絵本に特殊な印刷で触図を付け加える『こぐまちゃんとどうぶつえん』は、バリアフリー的な「さわる絵本」です。色の話であれば、「青＝斜線、赤＝点点」のように視覚情報を機械的に触覚に置換する工夫はバリアフリーといえます。

一方、「障害者の残存能力を保ち最大限活かす＝保助」の思想に基づき、既存の情報を再解釈・再創造するのがユニバーサルです。三触旗は『これ、なあに?』ほどの完成度はありませんが、ユニバーサルを指向する実験と位置づけることができるでしょう。障害者の「生き方＝行き方」（ウェイ・オブ・ライフ）を非障害者、マジョリティに応用するのが、ユニバーサルのもう一つの要件だといえます。「視覚を使わない」人々の触覚・聴覚活用術を博物館展示に取り入れようという試みから、ユニバーサル・ミュージアムを追求する壮大な実験が始まるのです。

よく「バリアフリーからユニバーサルへ」というスローガンを耳にします。僕も過去の著作で、そういった説明をすることがありました。ややもするとユニバーサルデザイン、ユニバーサル・ミュージアムはバリアフリーよりも一歩進んでいると受け取られがちです。しかし本来、両者はまったく異なる思想に由来しています。博物館における障害者対応を検討する場合、バリアフリー（補う）、ユニバーサル（保つ）の両方が不可欠です。両概念の違いを認識した上で、うまく使い分けていくのがプロの学芸員の腕の見せ所でしょう。

先述したさわる図録、アートブックは視覚障害者用に作られるバリアフリー的なツールです。見常者の中で、さわる図録の触図に積極的にさわろうとする人はほとんどいないでしょう。でも、このさわる図録を活用して、視覚障害者と見常者がともに楽しめる鑑賞会を企画すれば、それはユニバーサルな事業となります。一口に美術作品、博物館資料にさわるといっても、絵本のケースと同じように、バリアフリーとユニバーサルの両方の切り口があることをご理解いただければ幸いです。

もともと博物館とは近代化の象徴、「見る／見せる」文化施設として誕生しました。古今東西、博物館の主な役割は、貴重な資料を市民に公開する（見せる）こととされています。展示というメディアを通じて、時に博物館は国・為政者の権威・権力を誇示する視覚的演出に加担してきました。

そんな「見る／見せる」文化施設が二一世紀の今日、「冬の時代」を迎えています。世界各地の博物館では来館者数が伸び悩み、予算も縮小傾向です。たとえば、僕が勤務する国立民族学博物館（民博）は一九七七年に開館しました。オープン当初、「民博に行けば、外国の珍しい物を見ることができる」という理由で、多くの来館者が集まったのです。ところが現在、日本人は気軽に海外旅行に出かけ、またインターネットやテレビの汎用化に伴い、自宅に居ながらにして「珍しい物」を簡単に見ることができる生活環境を手に入れました。わざわざ博物館に足を運ぶ意義は相対的に低下しているといえます。高度情報化社会の到来により、人類は近代の申し子である博物館の存在を根本から問い直すことになったのです。

ピンチはチャンスなりといいますが、来館者数が減少する博物館の中で、「今まで館に来なかった（来ることができなかった）人々を呼び寄せる工夫をしよう」という動きが出てきました。子どもや高齢者、外国人、障害者など、いわゆる「社会的弱者」を対象とするさまざまな取り組みが盛んに行われるようになったのは、この二〇年ほどの国際的な潮流です。僕は、二〇〇一年に民博に就職します。それは単なる偶然ですが、結果的に日本で障害当事者が博物館業務に携わる先駆となりました。同僚の教職員のサポートの下、視覚障害者に対するバリアフリーの一助として、僕は点字パンフレットの配布、広報誌の音訳版発行などを提案・実現します。博物館の「冬の時代」は、障害者サービス（マイノリティ支援）伸展の好機であるのは間違いないでしょう。

民博の〈さわる文字、さわる世界〉展の企画の初期段階で、僕が主題としたのは、視覚障害者に対するバリアフリーの充実です。視覚障害者が展覧会を楽しむためには、さわれるモノがなければならないという信念を持って、僕は触察可能な資料を収集しました。しかし、展示計画が進む過程で、僕は見常者にとって〝さわる〟とはどのような意味があるのかと考えるようになったのです。視覚に依拠して日々の暮らしを送る見常者は、〝さわる〟ことの大切さを忘れています。彼らこそ〝さわる〟べきではないでしょうか。僕の中で「視覚障害者が楽しめる→視覚以外の感覚を用いて学ぶ→視覚中心の近代的な博物館のスタイルを再検討する」という思考の流れが生まれ、ユニバーサル・ミュージアムの理念が整理されました。

「誰もが楽しめる」を具体化していくためには複数の切り口があり、視覚障害者に着目するのはその一つでしかないでしょう。でも僕はこの一〇年余、ユニバーサル・ミュージアムを先導するのは視覚障害者であると公言してきました。肢体不自由者、聴覚障害者などの場合、バリアフリー的なハード・ソフトが整備されれば、「見る／見せる」博物館を満喫することができます。他方、視覚障害者は点字パンフレット、音声ガイドが用意されても、博物館を「見学」することができないのです。現在の日本のユニバーサル・ミュージアム運動では視覚障害者対応、「さわる展示」の探究がメインテーマとなっていますが、それは博物館が「見る／見せる」施設として成立・発展した歴史に由来するといえるでしょう。

2 「障害の宇宙モデル」の提案に向けて

見せる、聴かせる、さわらせる

僕が講演、学会発表などをする時、常に目標としているのは聴覚と触覚で情報を伝えることです。昨今はどこへ行っても「見る／見せる」講演が一般的で、大学の講義でも大半の教員が動画・画像を駆使しています。大量の情報を迅速に送受信するという点で、視覚に勝るものはありません。「こちらをご覧ください」と言ってパソコンを操作すれば、会場（教室）にいる全員に、ほぼ同時に視覚的な像（イメージ）を届けることができます。視覚による情報伝達は「より多く、より速く」という近代的な価値観に適合し、文字どおり各方面で「注目」されるようになりました。視覚こそが高度情報化社会を牽引してきたといえるでしょう。

そんなトレンドに背を向けてというべきか、全盲の僕は「言霊《ことだま》＝目に見えない言葉の力」を信じています。講演では、できるだけマイクを使わず、大きな声で聴衆に語りかける。平曲や瞽女唄などの音楽CDを積極的に使用する。これが僕のポリシー（わがまま？）です。「聴く／聴かせる」講演にはマニュアルがなく、便利なパソコンソフトに頼ることもできません。琵琶法師や瞽女の語りの迫力に比べると、僕はまだまだ未熟です。不特定多数の見常者に「注耳」されるような講演をめざし、引き続き精進しなければなりません。しかし、五〇歳を目前にして、やっと最近、自分なりの情報伝達法が固まってきた手応えを感じているのも事実です。

「聴く／聴かせる」要素に加え、僕のレクチャーでは民族資料など、多種多様なモノを触察する時間も重視しています。視覚・聴覚情報は、インターネットを介して瞬時に遠隔地に伝えることができるでしょう。でも、現代の最先端のテクノロジーを用いても、モノの質感をデジタル化し、パソコンでやり取りするのは難しいことです。触覚情報はその場に行って、手を伸ばし動かすことによって獲得されます。手を動かすと脳が活性化し、会場の一体感も増す。これが「さわる／さわらせる」講演のメリットです。見る・聴くはどちらかというと受動的な行為ですが、さわる体験が入ると、参加者が能動的になるのも確かでしょう。

ただし、聴衆の数が増えると、必然的にモノの回覧時間が長くなります。会場前方の聴衆は、僕の解説を聴きながら触察を楽しむことができますが、モノが後方の席に回るころには、講演は別の話題に移っているのです。この時差を解消するためには、人数分の触察資料の準備が必須ですが、購入費用、運搬方法などを考えると、あまり現実的ではありません。モノをさわると会場内がざわつき、私語が飛び交うのは、能動性という意味では歓迎すべきですが、やはり講師は自身の語りに集中しにくくなります。「さわる／さわらせる」講演の方法に関しては、更なる改善が不可欠でしょう。今後も、聴衆と講師の相互接触（触れ合い）の場を創出できるプレゼンのあり方を模索していくつもりです。

たしかに、「見る／見せる」講演の長所は多々あります。とはいえ、社会の多数派が

「見る／見せる」講演を当たり前のものとし、視覚依存の日常にどっぷり浸かっている付和雷同的な風潮に、僕は疑問と不満を抱くのです。「見る／見せる」講演の普及・定着は、ややもすると世界観・人間観の画一化を惹起し、見ることができない者の生き辛さを増幅してしまうでしょう。

五感といわれるように、人間は多様な感覚を保持しています。見せる講演があるのなら、聴かせる、さわらせる講演があってもいい。視覚以外の感覚を再評価・再認識する姿勢も忘れてはならないでしょう。「聴かせる、さわらせる講演は反近代ではなく、脱近代を志向する」と、僕は自分を鼓舞しています。視覚優位、視覚偏重の近代文明に一石を投じる心意気を持って、これからも我が講演術を磨いていくことにしましょう。

伝える体、伝わる心

二〇一六年九月二五日、僕は国立天文台で開かれた「第三回ユニバーサルデザイン天文教育研究会」に講演者として参加しました。講演を引き受けるに当たって、僕には迷いがあったことを告白します。講演そのものがユニバーサルデザインの実践例となることを願い、僕は画像・映像を使わず、触覚と聴覚で研究発表するよう心がけました。講演前半で取り上げたのは「さわる展示」の話題です。触覚による情報処理の特性を概説しました。

問題は講演の後半です。ここ数年、僕の講演では平曲のCDを会場に流し、琵琶法師の語りがスローテンポであることを聴衆に実感してもらっています。前近代の日本人はスローテンポの語りを耳で聴き、その聴覚情報を身体内に取り込み、源平合戦の場面など、自身が見たことのない風景を鮮やかに思い描いていました。僕は、平曲とは「音と声で色を創る聴覚芸術」だと定義しています。盲人芸能者は、聴覚情報を視覚情報に変換するアーティストともいえるでしょう。生演奏ではなくCDというのが残念ですが、琵琶法師の語りは「見る／見せる」現代文明に強烈な反省を求める力を内包しています。

今回の天文台の講演でも、いつものように平曲のCDを使うのが僕にとっては自然な流れですし、参加者にインパクトを与えることも確実でしょう。でも、研究会には聴覚障害者が多数出席します。僕自身、「ユニバーサルデザイン」を冠する研究会で画像・映像が多用されると、疎外感を味わうでしょう。障害の種別は異なりますが、当事者である僕が堂々と音楽を「聴く／聴かせる」講演を行うのはいかがなものか……。

音楽を用いず、触覚関連のケーススタディのみで講演を組み立てることも検討しました。しかし、講演日直前になって「参加者に聴覚障害者がいるから音楽は使用しない」という配慮（?）はどこかおかしいことに気づいたのです。あくまでも「自分が何を伝えたいのか」を最優先で考え、次に「では、それをどう伝えればいいのか」と思索を進めるのが生産的ではないでしょうか。

ユニバーサル・ミュージアムを構想する際、僕は「人に優しい」と「人が優しい」を区別してきました。「人に優しい」の背後には、多数派から少数派への親切の押し売り、「してあげる／してもらう」という一方向の人間関係に陥る危うさが見え隠れします。音楽を聴くという点で、僕は多数派です。マイノリティの尊重を訴え、「人が優しい」を標榜する本人が、「人に優しい」配慮（？）をしようとしていたとは。なんとも恥ずかしいことです。平曲を流すことが僕の講演にとって大切であり、多くの人に平曲の魅力を知ってほしいと望むのなら、遠慮なくCDを使えばいいでしょう。ただし、聴覚障害者に音楽の雰囲気を伝える工夫はしっかりとしなければなりません。ようやく、講演に臨む僕のスタンスが定まりました。

繰り返しになりますが、僕が平曲の本質として最重要視するのは、語りのテンポが遅いという一点です。琵琶の音と語りの声を耳でとらえた聴衆は、じっくりと時間をかけて能動的に『平家物語』の歴史絵巻を想像・創造していました。前近代は、かならずしも視覚優位の社会ではなかったことを体感してもらうのが、僕の講演の狙いです。今回の講演においては、僕は平曲の語りのスピードに合わせ、ゆっくりと左右に身体を振ってみることにしました。平曲の遅いテンポを視覚的に表現したつもりです。

いきなり中年男性が身体をくねくね動かすだけでは、じつに怪しいでしょう。そこで、僕は両手で「雨の木」を持って、身体の揺れと同期させました。雨の木とは、サボテンの茎の中に砂や小石を入れた南米の民族楽器です。上下・左右に傾けることによって、サラサラという音を出します。最近は砂や小石の代わりにビーズを用いることが多いようです。ゆるやかに向きを変えれば小雨に、一気にひっくり返せば大雨に聞こえます。

雨の木は、南米の人々が「どうすれば雨の音に近づけるか」と思案し、サボテンの茎の種類、砂や小石の分量を調整して作り上げた楽器です。この楽器には「雨の音」を聴かせたい、聴いてほしいという制作者、演奏者の強い気持ちが込められています。聴かせたい、聴いてほしいという熱い思いは平曲の語り手、さらには「視覚を使わない」講演を行う僕とも重なり、時空を超えて響きあうのです。

音の高さ、長さを数値化しグラフにすれば、聴覚障害者にリズムやメロディー、曲調をなんとなく伝えることはできます。しかし、（やや非科学的ではありますが）それでは聴かせたい、聴いてほしい気持ちは伝わりません。天文教育研究会での僕のタコ踊りは、聴覚障害者に音楽の雰囲気を伝える手段としては明らかに不十分でしょう。批判や不満もあると思います。でも、平曲がゆったりと語られる口承文芸であること、平曲の音声を視覚化するために、中年盲人（自称「琵琶を持たない琵琶法師」）が変てこな踊りをしたことは、研究会参加者の印象に残ったのではないでしょうか。

講演終了後、何人かの聴覚障害者が雨の木に触れ、その重さや手触りを確認してくれたのは嬉しかったです。ちなみに、雨の木のサラサラという音は波音にも聞こえるので、海戦の情景描写を盛り上げる聴覚的効果もあると感じます。

無視覚は無資格だけど無死角

ユニバーサルデザイン天文教育研究会の午前の講演で、僕は「伝える」難しさとおもしろさを実体験しました。タコ踊りの勢いのままに、午後のワークショップで僕が出席したのは「手話の人と旅する宇宙」。本ワークショップの企画担当者は「手話の人」(ろう者)です。このワークショップでは手話、もしくは身振りや筆談で会話することがルールとされています。僕は音声がない「静かな」空間に投げ込まれた(いや、自ら進んで足を踏み入れた)のです。

視覚障害者と聴覚障害者は同じ「障害者」に分類されるわけですが、それぞれの属性、ニーズはかけ離れています。単純な話、視覚障害者は聴覚情報で、聴覚障害者は視覚情報で外界を把握するのです。物音、人声から情報を得ることができないワークショップは、視覚障害者にとって居心地が悪いといえるでしょう。しかし、居心地の悪さの先には新たな気づきと発見があります。普段は直接交流する機会が極端に少ない視覚障害者・聴覚障害者が、ワークショップの中で互いに居心地の悪さをなんとか乗り越えたいと願う。これこそが「ユニバーサル」を開拓する知的冒険、「難しいけれどおもしろい」応用問題の出発点となるのです。

率直に言って、「手話の人」ワークショップに全盲の視覚障害者が乱入（？）するのは想定外でした。「ユニバーサル」の趣旨を踏まえ、僕の参加を認めてくださったワークショップ主催者には感謝しています。ワークショップでは音声言語が使える聴者が僕の横に付き、小声で手話の通訳、状況説明をしてくれたのです。役得というべきか、ろう者の手に僕の手を軽く重ね、手話にさわらせてもらう時間もありました。

僕は、言語として手話を理解することができません。でも、時に力強く、時に繊細に動く「手」から、聴かせたい（感じさせたい）、聴いてほしい（感じてほしい）熱意がひしひしと伝わってきます。手話にも「言霊」が宿っていることに理屈抜きの感動を覚えました。それは「喋る手」（ろう者）と「感じる手」（全盲者）の衝撃的な出会い、相互接触（触れ合い）の場が現出した「手放しの歓喜」ともいえるでしょう。

「手話は言語である」とよくいわれます。僕は点字と手話の比較に興味があり、ろう文化関係の本を何冊か読んできました。だから、手話が言語だというのは僕の中では一つの見識だったのです。一般に、豊富な見識を持つ人が有識者として尊敬されます。見ることによって「識」が蓄積されるというのが世間の常識です。見ることができない視覚障害者は、点字ディスプレイ、活字読み上げ装置などの視覚代行機器を導入して、見識を育んできました。

そもそも見識があるのなら、聴識や触識があってもいいのではないでしょうか。人々が多様な「識」を持ち寄れば、豊かな社会を築くことができます。障害者は、マジョリティとは異質の「生き方＝行き方」（ウェイ・オブ・ライフ）を経験することで、ユニークな「識」を会得した有識者なのです。今回、僕はろう者の「喋る手」に触れて、「手話は言語である」ことを確信しました。それは目で見るだけではわからない身体知、自らの手で能動的につかんだ触識ともいえるでしょう。

近年、欧米の障害学（disability studies）などの研究成果に裏打ちされた「障害の社会モデル」という理論が、障害を定義する際の世界的な共通理解になっています。二〇一六年四月に日本で施行された障害者差別解消法の底流にあるのも、「障害の社会モデル」の考えです。従来の個人モデル、医学モデルと一線を画する社会モデルでは、障害とは個人と社会の関わりから生まれるととらえます。それゆえ、人間社会全体の努力により、障害は解消できると規定するのが社会モデルの特徴です。

しかし、社会的包摂、社会的排除という用語が端的に示すように、社会とは所詮、人間の都合で形成されたものでしかないでしょう。社会から排除するのも人間なら、社会に包摂するのも人間なのです。社会モデルの概念は、「障害」を取り巻く状況を劇的に変化させました。僕自身も、社会モデルという二一世紀的な障害観の定着を支持します。でも、「社会」を前提としていては、障害者（マイノリティ）のより良い生の達成、マジョリティとの共生の進展には、自ずと限界があるでしょう。排除と包摂の歴史は半永久的に繰り返され、人間は次々に新しい「障害」を創り出す。これは少々悲観的な予想です。とはいうものの、残念ながらこの予想を覆す論拠は今のところありません。

ここで僕は「障害の宇宙モデル」という試論を提案します。「障害」という社会通念を広大な宇宙に解き放つのが宇宙モデルの本義です。この私論に従うならば、ユニバーサルデザインとは宇宙的デザイン、すなわちさまざまな社会通念（人間の常識）を宇宙に解き放つためのデザインということができるでしょう。宇宙は無限の可能性を秘めていると同時に、否応なく人間に不可能を突きつける機能をも有しています。ワークショップ「手話の人と旅する宇宙」に参加して、僕は最初、孤独感と無力感に苛まれました。宇宙空間に投げ出されれば、人間は「できない」ことがあまりにも多い現実に気づきます。考えてみると、視覚障害者が見常者中心の社会で生きていくということは、日々宇宙旅行しているようなものなのかもしれません。

日常的に「できない」に直面する障害者は、不可能を可能に変える強さと優しさを保持しています。僕がワークショップで出会った「喋る手」にも、この強さと優しさが脈打っていました。誤解を恐れずに言えば、常ならざる「識」を操る障害者は、宇宙時代のパイオニアなのです。果てしなく拡張する宇宙には、排除も包摂もありません。目に見えないもの、耳に聞こえないものに満ち溢れている宇宙に飛び出せば、視覚障害、聴覚障害という社会通念自体が成り立たなくなるでしょう。

僕は、目が見えない自身の境遇を客観的に説明する際、「無視覚は無資格だけど無死角なり」という語呂合わせをよく使います。無視覚とは、目が見えないという厳然たる事実、障害学の「impairment」に相当するものです。無資格は、視覚障害に付随して、社会的不利益を被ること。たとえば、公的試験における受験拒否、就職差別などは無資格の一例でしょう。社会モデルでは、無資格こそが障害の本質であり、それは人間の知恵によって取り除くことができるとされます。無死角は「障害の宇宙モデル」のスローガンです。全盲者は前後・左右すべてが見えません。逆説的な言い方になりますが、死角がないのが全盲者なのです。「見える/見えない」の区別がないのは、全盲者の強みともいえるでしょう。

視覚障害をとらえる視座は、無視覚（医学・個人モデル）の受容、無資格（社会モデル）の自覚、無死角（宇宙モデル）の発信へと深化するというのが私見です。僕自身の半生を振り返ってみても、少年期は無視覚、青年期は無資格、壮年期（現在）は無死角を意識しつつ、より良い生を求めてきたように思います。

宇宙という観点に立てば、「障害／健常」という陳腐な二分法は改変を迫られるでしょう。「障害の宇宙モデル」はまだ大風呂敷を広げたばかりで、これからしっかり理論武装していかなければなりません。天文・教育などに関連する学際的な研究と、真のユニバーサルデザイン（「障害」という社会通念を宇宙に解き放つデザイン）を切り開く実践的研究との融合。そんな理想を追い求める識者たちの活動を通じて、「障害の宇宙モデル」という新パラダイムが成熟していくことを切望します。

【コラムⅥ】ルイ・ブライユはフランス革命の大成者である！

世界は点でできている。このことを僕に教えてくれたのはルイ・ブライユである。一三歳で目が見えなくなった僕は、点字にさわって本を読み、知識を増やした。初めて書いたラブレターも点字だった。最初に点字に触れた時、「こんなブツブツを読めるわけない」と感じた。でも同時に、ブツブツが指先をくすぐる心地よい感覚も鮮明に記憶している。やがて、点は文字へ、さらには文へと変化し、僕に学びと楽しみをもたらした。「見識」という言葉があるが、僕の場合は点字によって「触識」を蓄積したともいえるだろう。

点は線となり面となって世界を動かす。このことを僕に知らせてくれたのはルイ・ブライユである。目が見えなくなった僕は、白い杖を使って、一人で学校に通った。大学に入ってからは、京都で一人暮らしを始めた。僕がふらふら街を歩けば、誰かにぶつかる。声をかけ、声をかけられながら一歩ずつ前に進む。いっしょに歩いてくれる家族や友人もいる。今、僕は一人静かに机に向かう。一点ずつ、一文字ずつ、この文章を点字で書いている。そんな僕は目に見えない力に支えられている。僕の手を動かすのはたくさんの仲間、そしてルイ・ブライユである。

ルイ・ブライユは一人で点字を発明した。だが、彼を支援する友人や家族がいたことも忘れてはならない。ブライユは、目の見えない人が一人で簡単に読み書きできる文字として点字を考案した。彼が点字を発表してから約二〇〇年。世界中の視覚障害者が点字を通じて「触識」を獲得してきた。点字使用者個々人の点は線となり面となって世界を動かした。その流れの中に僕もいる。

学習まんがの表紙カバーに掲載されているフランス国旗に触れてみよう。フランス国旗の青・白・赤は自由・平等・友愛を象徴するともいわれる。すくなくとも、この三色旗が世界各地の人々に自由・平等・友愛の夢を与えたのは間違いないだろう。しかし、目の見えない人には青・白・赤の色を認識することができない。この事実が端的に物語るように、自由・平等・友愛を求めて「市民」が決起したフランス革命においても、目の見えない人（障害者）は忘却されていたのである。

ルイ・ブライユは視覚障害者の自由・平等・友愛の実現のために一生を捧げた。色は見えなくても、手触りの違いで国旗を理解することができる。学習まんがでは、青を斜線、白を無地、赤を点点で表示した。斜線は勢いよく伸び、縦にも横にも柔軟に対応する「自由」。無地はどこまでも平らで、滑らかに広がる「平等」。点点は小さな突起が集まって結束し、静かに燃える情熱的な「友愛」。三色旗の触図に手を置くと、僕にはブライユの声が聞こえてくる。文字が読み書きできる自由を、目が見える・見えないに関係なく社会に参加する平等を、自分と同じハンディを持つ仲間や後輩のために努力を続ける友愛を。この「さわる国旗」にはブライユの思いが凝縮されている。

僕は点字の誕生・普及のドラマを「もう一つのフランス革命」とは呼びたくない。なぜなら、点字の発明は目が見えている人にも大きな影響を及ぼす可能性を秘めているから。

ブライユが点字を公表するまで、文字は線の組み合わせで表すというのが常識だった。盲学校でも、線を盛り上げた浮き出し文字が使用されていた。たしかに、目で見る文字は線で書き表すのがいいだろう。だが、触覚で読み取る文字にはそれに適した形がある。多数派の論理、固定観念にとらわれずに、点による文字を作り上げたブライユの「しなやかな発想力」はすばらしい。

視覚文字の構成要素である線は、直線・曲線、縦・横・斜めなど、無数に存在する。文字のバリエーションが示すように、視覚優位の社会では数を増やすことが重視される。「より多く」というのが近代化のトレンドだといえよう。大量生産・大量消費が日常化した僕たちの社会では、さまざまな選択肢を保持することが「豊かさ」のバロメーターとなっている。ブライユは近代化の潮流に抗して、「より少なく」という意識で六点点字を創造した。わずか六つの点の配列で各国の言語、数字や楽譜まで表現できる点字は、まさに

「点の芸術」である。ブライユは、バルビエの一二点点字をヒントとして、点の数を絞り込んでいき、六点に到達した。少ない材料から多くを生み出す「したたかな創造力」が点字を成立させたのである。

しなやかな発想力、したたかな創造力。この二つは現代を生きる僕たちにとって大切なものではなかろうか。とくに、未来を担う子どもたちには点字の学習を通して、この二つの力を養ってもらいたい。ブライユの業績は、視覚障害者の世界にとどまるものではない。だから、点字の登場を「もう一つのフランス革命」と称するのは不十分だろう。僕はここで強調しよう、ルイ・ブライユは真の自由・平等・友愛を具現した「フランス革命の大成者」であると！

第七章

触角人間になろう!

1 「無視覚流」の極意を求めて

作品を見せない美術展

第六章では、「保助」の概念に基づくユニバーサル・ミュージアムの可能性について述べました。本章では、視覚障害者（触常者）の触学・触楽のテクニックを敷衍《ふえん》することによって、脱近代型のユニバーサル・ミュージアムを拓く最新事例を紹介しましょう。

二〇一六年七月二日～一一月六日、兵庫県立美術館で企画展〈つなぐ×つつむ×つかむ──無視覚流鑑賞の極意〉が開催されました。本展は、究極の「さわる展示」、「保助」の新展開として評価できるものです。僕はプロデューサー兼アドバイザーという立場で、本展の計画段階から全面協力しました。この展覧会には二つの特徴があります。①作品を最後まで見せない"触"へのこだわり。②視覚障害者が彫刻を触察する「生の声」を音声ガイドとして用いること。以下では、この二点について順番に説明しましょう。

近年、彫刻作品にさわることができる展覧会が各地で開かれるようになりました。海外の美術館では、「さわる展示」コーナーを常設化する例も多くあります。兵庫県立美術館

企画展〈つなぐ×つつむ×つかむ〉の会場入口（兵庫県立美術館提供）

では一九八九年以来、「美術の中のかたち――手で見る造形」という企画展が毎年行われてきました。今回、僕が担当した〈無視覚流鑑賞の極意〉は、「美術の中のかたち」展シリーズの一つとして立案されたものです。

美術館における「さわる展示」には、主に二つの目的があります。一つは、これまで美術館とあまり縁がなかった視覚障害者に美術鑑賞の機会を提供すること。もう一つは、視覚中心の従来の美術鑑賞のあり方を問い直すこと。最近の兵庫県美の「美術の中のかたち」では、現代アートの作家に依頼し、さわることを前提とした作品を制作してもらい、体験型展示を構成するケースが主流となっています。今回の〈無視覚流鑑賞の極意〉では、「さわる展示」の原点、館蔵品の有効活用という観点に立ち返ることにしました。そして、触学・触楽に適した三つのブロンズ作品を選定・展示することになったのです。

ここまで述べてきたことからもわかるように、二一世紀の今日、彫刻作品をさわって鑑賞する試みは珍しいものではありません。僕自身も、職場である国立民族学博物館（民博）を拠点とし、さまざまなスタイルの「さわる展示」の開発・普及に取り組んできました。しかし、大半の「さわる展示」は作品を露出展示し、来場者が自由に触察できる環境を整備するのみで、さわる・さわらないの判断は各人に委ねられているのです。露出展示だけでは〝触〟の位置づけが曖昧なので、時には触覚に集中するために、アイマスクを使う例も見られます。アイマスク着用の狙いは、触覚による鑑賞、視覚による鑑賞の両方を楽しんでもらうことにあるでしょう。

触察鑑賞の前、あるいは後に視覚的に作品を確かめるというプロセスが加わると、一般来場者（見常者）の満足度は増すかもしれません。でも、さわることで得られる作品の印象は、視覚情報により修正・変更されてしまいます。見常者の美術鑑賞は、まず便利な視覚で作品の全体像を把握し、その後に触覚で細部を確認するという流れになりがちです。美術館における「さわる展示」の現状は、まだ視覚に束縛された「さわってもいい展示」

のレベルにとどまっているともいえるでしょう。

そこで今回の〈無視覚流鑑賞の極意〉では、会場入口で来場者にアイマスクを渡し、展示場を出るまで目隠しは外さないことを原則としました。さあ、アイマスクを着けた来場者は、カーテンをくぐって会場内へ。すると、壁に沿って張られたロープを発見（といっても見えませんが）。そのロープを辿って少しずつ前進します。やはり「先が見えない」状況は、見常者に緊張を強いる一方、スリルと興奮をもたらすようです。ロープが途切れた所で、前に手を伸ばすと、ひんやりしたブロンズ彫刻に触れます。その場で両手を伸ばし、じっくり触察鑑賞を体験するのです。鑑賞を終えたら、さらにロープを辿って、第二、第三の作品へ移動するという仕掛けになっています。

無視覚流は、「目に見えない」作品の魅力を探る新しい美術鑑賞法です。展覧会のリーフレットで、僕は次のように定義しています。「無視覚流とは、視覚障害者の美術鑑賞の疑似体験ではなく、触覚、さらには全身の感覚を総動員して作品を『みる』行為である」。どうやら「作品を見せない」展示の趣旨が来場者に理解されたようで、アンケートでは好意的な感想が目立ちます。いくつか引用してみましょう。「視覚的にどんな彫刻だったのかはわからないままですが、手のひらには今もそれぞれの作品の感触が鮮明に残っています」「彫刻の後ろの細かなくぼみまで触ったのは初めてで、ザラザラ、つるつるなど、目では感じないものをたくさん感じることができました」。

視覚優位の現代社会に対する異議申し立て、「見る／見せる」という美術館の常識への挑戦はまだ始まったばかりです。無視覚流がユニバーサルな（誰もが楽しめる）美術鑑賞法として定着するためには、今後の実践と研究の蓄積が不可欠でしょう。次項では、無視覚流鑑賞の第二の特徴である音声ガイドの可能性について詳述します。

触常者発の音声ガイド

これまでのミュージアムにおいては、視覚障害者とはサービスの受け手、支援される人だというのが一般的なとらえ方でした。「障害者＝してもらう」「健常者＝してあげる」という関係は、ミュージアムのみならず、近代以降の社会システム全般に当てはまる図式だといえます。世界各地で実施されている「さわる展示」も、その運営を担うのは健常者です。もちろん、健常者は障害者向けのプログラムを企画すべきでないなどというのは暴論ですし、実際に当事者の意見を採り入れたすばらしい「さわる展示」も数多く存在しています。問題なのは、視覚障害者（マイノリティ）自身が主体的にアイディアを出し、展示を具体化していく事例が極端に少ないことです。

たしかに、「見る／見せる」展示を視覚障害者がオーガナイズするのは難しいかもしれません。では、「さわる展示」ならばどうでしょう。点字の触読に代表されるように、視覚障害者は「触常者＝触覚に依拠して生活する人」であるともいえます。触常者が彫刻作品を触察する「生の声」を録音し、それを音声ガイドとして使えば、見常者に新鮮な感動を与えることができるのではないでしょうか。大げさな言い方をすれば、今回の無視覚流鑑賞の音声ガイドは、障害・健常という陳腐な二分法、近代的な人間観を改変する壮大な実験の端緒とも考えることができます。

視覚障害者の触学・触楽の実況中継を美術館が音声ガイドとして使用するのは、世界的にも類例がありません。質の高い音声ガイドを完成させるために、兵庫県美の学芸員と僕は打ち合わせとリハーサルを繰り返し、内容をブラッシュアップしていきました。これまでの多種多様な「さわる展示」を通じて、「さわらなければわからないこと」「目で見るだけでは気づかないこと」があるという共通認識は、ミュージアム内外に確実に広がっています。今回の〈無視覚流鑑賞の極意〉では、そのような啓発の段階から一歩進んで、触学・触楽のメカニズムを体系化・言語化することを目標としました。ですから、音声ガイドは僕個人のさわり方を説明するものではありません。「無視覚流」という新語をあえて掲げ、他館の展示にも応用できるユニバーサルな触察手法を提案したつもりです。

音声ガイドが普遍性・客観性を保持するために、三つのキーワードに即して解説を組み立てることにしました。三つのキーワードとそれぞれの意味を以下に記します。
・つなぐ＝パズルを組み立てる創造力（手を上下・左右・前後にゆっくり動かし、点を線、面、立体へと拡げて、作品の全体像を頭で描く）
・つつむ＝者・物が重なり一体化する感応力（手を作品の上に優しく置き、さわる人、さわられる物が持つ熱の相互作用、主体・客体の区別がなくなる境地を心で楽しむ）
・つかむ＝目に見えない部分をとらえる洞察力（制作者の思いを想像しつつ、手をダイナミックに動かし、下から上、内から外へと流れる作品のエネルギーを体で味わう）

展示作品を選ぶに当たって意識したのは、触察しやすい大きさであること、触感の変化に富むことなどです。また、三つの作品は具象から徐々に抽象へ移行する順番に配置し、無理なく「つなぐ・つつむ・つかむ」の三要素が体感できるように工夫しました。来場者は、各作品の前に設置されたボタンを押して音声ガイド（僕の声）を聴きます。一作品につき、音声ガイドは七分半ほどの長さです。

瞬時に大量の情報を入手できる視覚に比べ、触察鑑賞には時間がかかります。音声ガイドを聴き終わった後、各人各様の〝触〟の時間が続くと、一つの作品を一〇分ほどかけてじっくり鑑賞することになるでしょう。「見る／見せる」展示では、こんなスローペースの鑑賞はほとんどありません。「よりゆっくり、より少なく」が無視覚流の基本コンセプトです。「より多く、より速く」という近代的な価値観に疑問を呈し再検討を促すのが、無視覚流の真骨頂ともいえます。

音声ガイドの収録に際して、最終的に僕は読み上げ原稿を作りませんでした。それは、触察のライブ感が伝わるような音声ガイドにしたかったからです。口から出任せという説もありますが、とにかく自分が作品に直接さわり、自己の内部から自然に湧き出てくる言葉を素直に空に解き放ちました。作品にさわりながら、点字の原稿を触読するのは困難です。読み上げ原稿を準備できなかったのは、視覚障害ゆえのハンディと感じる人もいるでしょう。しかし結果としては、作品と向き合い真剣勝負する過程を経て、独創的で迫力ある音声ガイドを仕上げることができたのではないかと思います。録音・編集を請け負うラジオ局の方が、「魂のこもった収録でしたね」と褒めてくれたのが嬉しかったです。

魂に触れる美術鑑賞

今回、僕が自作自演した音声ガイドは、文字どおり無視覚流鑑賞の「手引き」という意義を有しています。触察に不慣れな見常者にもわかりやすい解説とはどんなものなのでしょうか。最初に作品全体の「かたち」をしっかり触知した上で、細部の感触の違いにフォーカスします。音声ガイドの後半で作品のタイトルを紹介し、作者の真意を推測する時間も確保しました。トータルとして僕が心がけたのは、作品の表面（肌）から深奥（魂）を探究する触察鑑賞の「手順」を示すことです。

二〇一六年二月～六月には、ほぼ毎月一回の頻度で音声ガイド収録のリハーサルを積み重ねました。毎回のリハーサルでは、同じ作品を触察し、音声解説の理想形をひたすら追求するのです。この試行錯誤の連続により、僕は作品の深奥（魂）に触れる手応えを得ることができました。無視覚流の音声ガイド作りを通して、僕が練磨したのは紛れもなく自身の「触識」だったといえます。第六章でも力説したように、見識だけではなく、触識や聴識を武器とする識者がいてもいいでしょう。障害者がユニークな識者として個性を発揮できる社会。それこそがユニバーサル社会なのです。そして、知識ではない多様な「識」を育てるのが美術鑑賞の役割といえるのではないでしょうか。

〈無視覚流鑑賞の極意〉では、触識を鍛えるセンサーとして「触角」を多用することを来場者に呼びかけています。最後に、展覧会リーフレットに書いた僕の拙い詩を引用して、第1節を閉じることにしましょう。

無視覚流でいこう――「without sight」の解放感

無視覚だから、言えることがある
人はどんな景色を見て、何を見落としてきたのだろう
無視覚だから、わかることがある
人はどんな意識で見て、何を見捨ててきたのだろう

大量の情報が瞬時に人の景色と意識を駆け抜ける
大切なものをじっくり選択する余裕がない生活は、じつに忙しい
見えないものを見えるようにするのが社会の進歩なら、
無視覚者は、進歩する社会の忘れ物

人はいつから前を向き、進歩することだけを考えるようになったのか
視覚は常に目の前の景色を意識させる
進歩の資格を剝奪された無視覚者は、前後・左右へ自由に歩き回る
より遅く、より少なく
目をつぶれば、死角がない解放感が生まれる

無資格だから、言えることがある
無死角だから、わかることがある
全身の毛穴から手を伸ばし、触角人間になろう！

触角は頭
断片的なピースをつないで、でかい夢を描く
触角は心
熱いものも冷たいものも穏やかにつつみ、すべてを優しくする
触角は体
伸縮自在のアンテナとなり、目に見えない波動をつかみ、四方へ放射する
頭・心・体を鍛えて、触角人間になるために、
今日から僕も無視覚流でいこう！

2　触覚とエロス

誰のための無視覚流鑑賞なのか

　ここで簡単な紙上ワークショップをしましょう。僕がよく講演会で眠気覚ましに利用している実験です。少なからぬ読者は、無視覚流鑑賞の意味がまだぼんやりしているのではないでしょうか。「さわることが大切なのはわかるが、べつにわざわざアイマスクをしなくてもいいのでは？」「アイマスクは強制的に視覚を遮断してしまう不合理な道具だし、なんとなく暑苦しい……」。

〈無視覚流鑑賞の極意〉ではアイマスクを使わず、会場を真っ暗にするという案もあったのですが、来場者の安全確保への不安を払拭できず、あきらめました。「見ないでさわる」鑑賞の場を比較的容易に創りだすことができるのがアイマスクの利点です。

　これから行う実験では、アイマスクの代わりに黒いビニール袋を使います。お友達、あるいは家族の方とペアになって、以下のゲームに挑戦してみてください。今、僕の手元にあるのは、ケニアの民族資料、四つの動物フィギュアです。ゾウとキリンはそのままペアの相手に渡します。パッと見れば、ゾウだ、キリンだと、すぐにわかるでしょう。
残り二つのフィギュアは黒い袋の中に入れて渡します。両手を袋の中に入れて、何のフィギュアなのか探ってみるように促してください。中身を見てはいけません。優しく、ゆっくり手を動かし、点を線、面にしていくのです。動物だから、足が四本あって、胴体もある。胴体がわかると、頭と尻尾の位置がはっきりします。きっと頭と尻尾の部分にそれぞれの動物の特徴があるはずです。

この単純なゲームで、「見てさわる」と「見ないでさわる」の違いが実感できるでしょう。僕は動物フィギュアを使用しましたが、もちろん身近にある他の物でも問題ありません。答えを当てることを目的にするのなら、明らかに「見てさわる」方が迅速かつ確実です。「見ないでさわる」だと、時間がかかるし、最終的に答えがわからないこともあります。では、学習という点ではどうでしょうか。人間は答えがわかってしまうと、探究心がなくなります。「この動物フィギュアをしっかりさわってください」と言われても、「これってゾウでしょ、キリンでしょ」となると、もう真剣にさわろうとしません。

他方、視覚が黒い袋によって遮られれば、「これは何だろう」と、手と頭を駆使して、一生懸命に考える。僕はこの「考える」というプロセスが重要だと思います。昨今の視覚中心の学校教育では、答えを出すことのみが優先され、じっくり時間をかけて「考える」

授業が少なくなりました。「これ、なあに？」とは人間の知的好奇心から湧き出る素朴な問いかけであり、触覚学習の本質をズバリと言い表しています。無視覚流鑑賞でも「これ、なあに？」と自問自答しつつ、想像力を働かせる。無視覚流鑑賞は博物館の展示手法、ひいては社会全体の学びのあり方を改変していく大きな可能性を秘めていると僕は信じています。

さあ、読者のみなさんは一晩ゆっくり寝て、先の実験結果を思い出してください。もしかすると、文字を読んだだけでは、本書の内容は短期間で忘れられてしまうかもしれません（まあ、未熟な僕が書く本はその程度のものです）。でも、「これは何だろう」と考え、袋の中の動物フィギュアを手探りした感触は、長く深く身体に記憶されます。手を動かし能動的に獲得した情報は、体験として残るのです。視覚は量なり（より速く、より多く）、触覚は質なり（より深く、より長く）。これは全盲生活三〇年を経て、無視覚流に辿り着いた僕の素直な心境です。長く深く触覚のメリットを宣揚していくことにより、僕の人生の質（QOL）はますます向上するでしょう（ちなみに、僕が黒いビニール袋に入れた動物フィギュアはライオンとカバでした）。

見えないからこそのスリル

これから「触覚とエロス」という難題に恐る恐る切り込んでいきます。多少セクシュアルな発言をするかもしれませんが、本書の読者は「大人」なので、寛大に受け止めてください。無視覚流でアイマスクをすると、「先が見えない」スリルと興奮が生まれると、第1節で述べました。全盲の僕と見常者のみなさんが彫刻を触察する時、いちばん違うのは何か。動物フィギュアは小さいので、家庭や仕事場にある机をさわることを例にしましょう。

ここに机があります。みなさんは離れていても、机の形、大きさが一目でわかるでしょう。でも、僕は「机がある」と聞いても、大きさや形を想像することができません。だから、手を動かして机の大きさ、形を確かめます。手のひらを右に移動させていくと、ずっと直線が続く。やがて、直線は直角に曲がる……。手の運動とともに身体も動くので、だんだん脳が活性化し、頭の中に机の像ができあがります。

「この先はどうなっているのだろう」。視覚を使えないことは不便ですが、逆に視覚を使わないことから得られる独特の感覚、解放感があるのも確かでしょう。視覚障害者が単独歩行する時、目の前が見えないわけですから、「道」はありません。自分が歩くことによって「道」ができるのです。「一寸先は闇」という語は否定的なニュアンスで使用されることが多いのですが、じつはそこには「未知なる道を拓く」スリルと興奮があります。

手を動かすことによって、「未知なる道」を開拓する。これが全盲者の触察でしょう。触察のわくわく感、どきどき感は知的であると同時に、きわめて性的です。まあ、机をさわって性的興奮を味わっていたら変態ですが、兵庫県立美術館で展示したような彫刻作品は複雑な形をしています。微妙な凹凸、不規則なラインの混在、手触りの変化……。足・胴・腕・顔。人間の全身は、なんとも不思議な形です。風呂で自分の身体に触れていると、なんとなく彫像を作りたくなります。明るい所で自分の身体を撫で回すのは恥ずかしいので、やはり暗闇がいいでしょうか。

露骨な表現になりますが、男女が性交渉をする時には、明かりを消すのが一般的です。なぜ暗い所で愛を交わし合うのかというと、人間の中に「見たくない／見られたくない」という潜在意識があるからではないでしょうか。暗闇だと触覚が鋭敏になるという側面もあります。兵庫県美の企画展アンケートでは、多くの見常者が無視覚流鑑賞を「非日常的な経験」だと述べていました。でも、じつは人類は古今東西、無視覚流で性行為に臨んできたのです。鑑賞は主に自分の内面との対話ですが、性交渉は自他が重なり合うコミュニケーションだといえます。「この先はどうなっているのか」が見えないからこそ味わえるスリルと興奮は、無視覚流コミュニケーションの眼目でしょう。

大触覚・小触覚・身触覚

次に「さわる技法」についてお話しします。「つなぐ・つつむ・つかむ」が彫刻をさわる際の心構え、感情の動きだとすれば、「さわる技法」は直接的な触察テクニックです。この技法を概説するために、僕は「大きくさわる」「小さくさわる」「全身でさわる」という区別をしてみました。英語では「look」「watch」「see」など、「見る」に当たる単語がたくさんあります。これは人類が視覚を重視してきた証拠ではないでしょうか。一方、「さわる」に相当する単語にはバリエーションがありません。しかし、触察技法にもさまざまなスタイルがあるのは事実です。以下に「さわる三技法＝大触覚・小触覚・身触覚」について説明します。

まず「大きくさわる」とは、両手のひらを動かして全体像を把握すること。手のひらは、大きく使って形や質感をとらえるのに適しています。「小さくさわる」とは、指先を細かく動かして各部分を確認すること。指先は繰り返し小さく使って、微妙な凹凸、繊細なラインを認識するのに適しています。たとえば彫刻作品の顔の部分をさわる際、最初は手のひらで全体の形を捕捉するのがいいでしょう。洗顔、あるいはお化粧をする感覚で優しく、ゆっくり手を動かします。次に目・鼻・口などのパーツを探っていく時は指先（とくに人差し指）を使うのがいいでしょう。こうして、大きくさわる、小さくさわるを組み合わせれば、「目に見えない世界」にアプローチすることができます。

三つ目の「全身でさわる」とは、身体の毛穴から触角を伸ばすこと。敏感なセンサー、動物的な触手を取り戻すという含意で、あえて「触角」という用語を使っています。視覚は目に、聴覚は耳に限定されますが、触覚の最大の特徴は全身に分布していることです。「さわる」といえば、手を想起しがちですが、足や顔でさわることもできます。全身を使って彫刻作品に抱きついてみましょう。彫刻の中から湧き出てくるエネルギーを体感することができるはずです。ミュージアムの展示資料に抱きつくわけにはいかないので、両腕で優しく包み込むようなさわり方をしてみてください。きっと彫刻と一体化する気分を味わうことができると思います。

「ふれあい」という言葉は、福祉の領域で安易に使用されているので、僕はあまり好きではありません。しかし、第五章で論述したように、もともと「触れ合い」とは相互接触を意味します。「全身でさわる」とは、まさに触れ合いなのです。作品との接触により鑑賞者が触発される。全身の触角センサーを伸ばして、作品と対話するのが触察鑑賞の醍醐味だといえるでしょう。

人間は性交渉の際、ごく自然に大きくさわる、小さくさわる、全身でさわるを実践しています。手のひら、指先、全身の肌を用いて、まさに触れ合っているわけです。誤解を恐れずに言えば、無視覚流鑑賞のルーツは性交にあります。性交は人間同士のコミュニケーションの原点、言語を介さない身体の対話です。者と者の対話、触れ合いの技法を応用すれば、者と物のコミュニケーションも深まるのではないでしょうか。

どうも性愛の話になると曖昧な表現になってしまい、自分でも歯切れが悪いなあと感じます。性行為はユニバーサルなものなのだから、恥ずかしがらずに堂々と語ればいいのです。でも、僕が本格的にエロスを論じるためには、もう少し修行が必要でしょう。僕の主張を要約すると、以下の三つになります。

①人間の性行為とは、さわるコミュニケーションのエッセンスを凝縮したものである。

②視覚優位の現代社会にあって、さわることは軽視され、その結果、人間のコミュニケーションは危機に瀕している。

③ミュージアムにおける触察（無視覚流）鑑賞は、人間のコミュニケーションのあり方を再考するきっかけとなる。

エロスを媒介として検証すると、さわる鑑賞が人間のコミュニケーション方法、さらにはライフスタイルをも変えていく壮大な力を持つことがよくわかります。博物館のモノをさわることをきっかけとして、者と物、者と者のコミュニケーションのあるべき姿を展望する。そんな博物館がユニバーサル・ミュージアムなのです。

さわるマナーが博物館と社会をつなぐ

最後にユニバーサル・ミュージアムにおける「さわる展示」の現状と課題を簡単に整理し、第七章を総括することにしましょう。民博では二〇一二年に「世界をさわる」という常設コーナーをオープンしました。「じっくりさわる」「見ないでさわる」「見てさわる」の三つのセクションで展示を構成しています。特別展や企画展では最新の研究成果を公開できますが、常設展は五年、一〇年続くコーナーなので、さまざまな工夫と普遍的論理が必要でしょう。それゆえ、自分が担当する常設コーナーができるというのは、博物館で仕事をしている者にとって大きな喜びです。

すでに日本の博物館では、自然史系・考古系の展示などにおいて、早い時期からハンズオンコーナーが設置されています。これは主に子どもの来館者を意識した取り組みです。また、一部の美術館でも彫刻作品にさわるワークショップや企画展が開催されてきました。

資料活用の一環として、ハンズオンコーナーを充実させようという動きは世界的な潮流です。「さわる展示」を運用する場合、問題となるのは資料保存との兼ね合いでしょう。

どんなに注意深くさわっても、不特定多数の来館者が触察すれば、資料の汚損・破損は避けられません。民博の「世界をさわる」コーナーでも、何回か破損事故が起きています。「世界をさわる」コーナーを含め、ハンズオン展示で使用するのは消耗品、つまり置き換え可能な資料を基本とすべきだというのが一般的な考え方です。しかし、「世界をさわる」コーナーは「目に見えない世界」を身体で探ること、「触識」の意義を来館者に問いかけることを目的としています。通常のハンズオンとは少し位置づけが違うのです。

せっかく、さわることとそのものの魅力を宣揚するコーナーを創るのに、消耗品だけでは物足りない。さらに、消耗品しか出さない博物館の姿勢は、来館者に対して失礼ではないか。資料保存は博物館の論理としては正しいわけですが、来館者の立場からすると、「どうせ、あなたたちは資料をさわったら壊すでしょう、汚すでしょう」と言われているように感じられます。そこで僕たちは、性悪説ではなく性善説に立脚して、一点物の標本資料、貴重なアート作品なども「世界をさわる」コーナーに展示することにしました。「来館者を信頼する」と言えばかっこいいですが、実際にはそうもいかない。破損事故が起きるのではないか、はらはら、どきどきさせられる日々の連続です。

「世界をさわる」コーナーを訪れる来館者の反応をみていて、気づくことが二つあります。まず一つは小学生の団体。子どもを悪者にしたくさわることに対する両極端の反応です。

ないですが、やはり小学生が集団化すると狂暴になります。一人一人はいい子でも、みんないっしょだとハイテンションでワーッとはしゃいでしまうのです。彼らは「さわれる＝遊んでもいい＝壊してもいい」と考えます。乱暴な扱いをする来館者がいることはある程度予想しており、耐久性に優れた丈夫な資料を集めました。それでも、こちらの予想を上回る程度と頻度で「資料が壊れる」事態が発生しています。木製仮面がバラバラにされ、修復不能になるケースもありました。大量生産・消費時代に育った子どもたちは、「物を大切にする」経験があまりに乏しいのだと実感させられます。

他方、子どもの集団とは逆で、少なからぬ大人が資料をさわらずに通り過ぎていくことも看過できません。「世界をさわる」と大々的に銘打って、おもしろそうな資料を露出展示しているのに……。「どうぞ自由にさわってください」という演出はきちんとしているつもりです。たとえばトキのバードカービングは、木ならではの温かさがあります。ホッキョクグマの石製彫刻はひんやりしていて、とくに夏にさわると気持ちいいです。動物をモチーフにした作品なので、さわってみたくなるのが自然な感情ではないでしょうか。ところが、一部の大人は「ああ、クマがいる、トキもいる」とつぶやきながら、見るだけで立ち去ります。なんとも、もったいない話です。

さわらない大人たちの心には、「博物館では展示資料にさわってはいけない」という常識、固定観念が刷り込まれているのだと思います。さわるのは恥ずかしいこと、特別な行為という先入観もあるのでしょう。赤ちゃんは何にでもさわろうとするのに、人間は成長とともに視覚中心の生活に馴らされていきます。これは進化なのか退化なのか、よくわかりません。もちろん、「世界をさわる」コーナーで自身の中に眠る触覚の潜在力、さわりたい欲求に気づき、触識を磨く子ども、大人もたくさんいます。しかし、さわり方を知らない（知ろうとしない）見常者が意外に多いことに僕は戸惑うのです。そして、社会の常識、固定観念を改変するには時間とエネルギーが必要だと痛感します。

時間とエネルギーといっても、僕にできることはわずかです。ワークショップや講演を通じて、「さわるマナー」を普及するのが無視覚者である僕の役割でしょう。その役割を自覚し、手探りで日々の仕事に臨んでいます。優しく、丁寧にさわるというのは当たり前のことですが、なぜさわるのか、どうさわるのかが伝わらないと、説得力がありません。エロスを持ち出すのはやや唐突ですが、性交渉のことまで含めて考察すると、「さわるマナー」の厚みが増すなあと、本章をまとめながら再確認していました。

者と物、者と者のコミュニケーションをより豊かにするために、「さわるマナー」がある。これが本章の結論です。「さわるマナー」を博物館、ひいては社会に定着させていくには、一般向けの講演、ワークショップを地道に積み重ねることが大事でしょう。それに加え、学芸員の意識改革も必須です。学芸員は博物館と社会をつなぐ重要な存在だといえます。触識を持つ学芸員が増えれば、社会の常識、固定観念も比較的早く変わっていくのではないでしょうか。

感覚の多様性を育てる

本書の各章において、僕は何度か「みる」という言葉を使いました。ここで「見る」と「みる」の違いを説明しておきます。いうまでもなく、視覚で事物をとらえるのが「見る」です。みなさんは毎日、いろいろなものを「見て」いますし、博物館では「見て学ぶ＝見学」を前提として展示が構成されてきました。一方、「みる」とは全身の感覚を総動員して事物をとらえることです。全盲の僕はテレビを見ることはできませんが、ニュース・バラエティ・スポーツ中継などの番組をみています。テレビの画面を視覚的に認識することはできないけれど、音と雰囲気を頼りに「目に見えない画面」を想像しているのです。英語に訳すと、「みる」は「visualize」（思い描く）に相当するでしょうか。

彫刻作品を触察する場合、全身の感覚を駆使して、作品の中にある何かを感じ取り、そこから自分なりのイメージを創っていきます。僕は文字どおり作品を「さわって↓みて」いるわけです。多くの見常者は「見て↓みる」鑑賞をしています。絵画鑑賞は好例ですが、世の中には「見て→みる」すばらしい境地があることは否定しません。ただし、「見る」ことに依存しすぎてしまうと、「みる」楽しさ、躍動感を忘却する恐れがあるのも事実でしょう。「より多く、より速く」という視覚の特徴は、まさに諸刃の剣です。

さわる、見るなど、「みる」に至る行き方には多様なルートがあります。さまざまな行き方を認めるとは、多様な生き方を尊重することにもなるでしょう。「行き方＝生き方」は各人各様の道、ウェイ・オブ・ライフです。見る人、さわる人がそれぞれのやり方で「みる」博物館。見る人、さわる人が各自のウェイ・オブ・ライフをのびのびと発揮し、異文化間コミュニケーションを楽しむ博物館。「多様性」はユニバーサルを指向するためのキーワードです。博物館は「感覚の多様性」を実践的に学び、育てることができるフィールドだといえるでしょう。そんな二一世紀の新しい博物館をともに創造する仲間が、本書の読者から出てくることを心から願っています。

【コラムⅦ】触覚芸術の沃野

推理作家の江戸川乱歩（一八九四〜一九六五）は一九三二〜三三年に執筆した「盲獣」において、ユニークな触覚芸術論を展開している。「盲獣」について、乱歩自身は失敗作だと公言しており、世間でもグロテスクな通俗小説という評価が一般的である。しかし、本作の随所に触覚芸術を構想するヒントが鏤《ちりば》められている。以下にいくつか引用してみよう。「視覚を忘れてこそ、初めて本当の触覚の味がわかるのだ」「視覚あるが故に妨げられて気付き得なかった別の世界がある」「盲人にこそ、かえって彫刻の美しさが本当にわかるのではあるまいか」「目で見た形と、手で触れた形とは相似たるがごとくにして、実は甚だしく相違している」。

「盲獣」の発表から八〇年余。残念ながら触覚芸術の可能性が本格的に研究されることはなかった。触覚芸術とは、現実離れした妄想（盲想）、あるいは犯罪行為を伴うフィクションの中でのみ有効な概念なのだろうか。近年、世界各地のミュージアムで、視覚障害がある来館者に対し、触覚による作品鑑賞の機会を提供するプログラムが増えている。また、「見るだけではわからないこと」「さわらなければわからないこと」への気づきを来館者に促す目的で、ユニバーサルな（誰もが楽しめる）「さわる展示」の実践に取り組む事例も多くなった。さらには、現代アートの制作現場では、「さわる」ことを意識した作品も少なくない。一九八九年以来、兵庫県立美術館の「美術の中のかたち」展はこういった国内外のトレンドを踏まえ、触覚芸術の世界を地道に開拓してきた。

とはいえ今日に至るまで、触覚芸術が具体的に何を指すのか、「さわらなければわからないこと」を実際にどうすればとらえられるのか、明確に提示しようという試みはなかった。触覚による美術鑑賞は、来館者個々の感性に委ねられていたともいえるだろう。〈無視覚流鑑賞の極意〉展は、視覚障害者（＝触常者）が彫刻作品を触察する実況中継、目に見えない「かたち」を手で探る生の声を音声解説として用いるのが特徴である。晴眼者（＝見常者）である乱歩には抽象的にしか表現できなかった「触覚の美」を理解・体感するキーワードとして、「つなぐ」「つつむ」「つかむ」の三つを挙げて、新たな美術鑑賞法を提案した。

従来のミュージアムでは、視覚障害者は見学・観覧ができない（できにくい）弱者、サービスの受け手とされてきた。今回の展示は、マイノリティ（触常者）の鑑賞スタイルをマジョリティ（見常者）に応用する実験である。公立美術館が視覚障害者の実体験に基づく展示を企画するのは、世界的にも珍しい。「無視覚流」を万人向けのプログラムとして実施する挑戦は画期的である。これまで個別に積み上げられてきた触覚芸術の探究、試行錯誤の「乱歩」が、一歩前進することを期待したい。

明治から昭和にかけて活躍し、「東洋のロダン」とも称された朝倉文夫（一八八三～一九六四）は、次のように述べている。「もともと彫刻というものは見るだけでは物足りないから触って見たいという所謂触感を誘うまでにその作品が出来ていれば、頗る傑作だということが出来るのである。目下の展覧会場ではこんな振舞いをやったらそれこそ大騒ぎになるが、われわれは、ただ見るだけではなく撫でて見たいと思った時には、自由に触れていいような彫刻をゆくゆくは諸君の前に提供したいと思っている」。さあ、この言葉をしっかり胸に刻み、触覚芸術の沃野を耕してみよう。優しく、ゆっくり作品に手を伸ばせば、きっとそこに「触感を誘う」美が鮮やかに立ち上がるに違いない！

終章　「ユニバーサル・ツーリズム」とは何か

差別解消法と「合理的配慮」

二〇一六年四月に障害者差別解消法が施行されました。これをきっかけとして、さまざまな場面で障害者に対する「合理的配慮」のあり方が模索されています。多くの大学で障害学生支援室が設置され、障害の有無に関係なく、多様な学生が「ともに学ぶ」環境整備が進んできました。公共図書館でも合理的配慮の発想を導入し、従来の障害者サービスを刷新する動きが見られます。

一方、博物館の障害者対応は遅れているのが現状です。二〇一六年度に開始された国立民族学博物館（民博）の共同研究「『障害』概念の再検討」では、障害者が主体的、能動的にミュージアムを楽しむための合理的配慮を提案することを目標に掲げています。三年間の共同研究を深化させるには、国内外のミュージアムの実践に学び、具体例を収集・分析することが不可欠でしょう。

他方、議論の幅を広げるために、他分野との比較を試みることも重要だと考えます。博物館との比較という観点で、僕たちが注目しているのが「観光のユニバーサル化」です。近年、「ユニバーサル・ツーリズム」（以下、UTと略記）という言葉を耳にする機会が増えました。二〇二〇年のオリンピック・パラリンピックの東京開催が呼び水となり、各方面でユニバーサル化を求める声が高まっています。障害者や外国人をはじめ、さまざまな人々のニーズに配慮した旅行・観光という意味で用いられるのがUTです。

しかし、そもそもユニバーサルとは何なのかが曖昧であり、UTもやや安易に使われている印象を受けます。新しい理念が普及・定着する際、十人十色の解釈が許容されるのは悪いことではありません。とはいえ、UTが文字どおり「誰もが楽しめる旅行・観光」を具現する理論となり、成熟・発展していくためには、早い段階でその基本要素を整理すべきでしょう。僕は「触文化」をキーワードとして、二〇〇九年以来、ユニバーサル・ミュージアムの具体像を探る共同研究を積み重ねてきました。一連の共同研究で培った知見を観光に応用することにより、UTを明確に定義できると確信しています。オリンピック・パラリンピックのブームに惑わされず、日本社会に合理的配慮を広く深く根付かせるために、本共同研究が果たす役割はきわめて大きいでしょう。

「ごちゃまぜツアー」で互いの違いを知る

二〇一六年度、僕は「被災地ツーリズムのユニバーサル化」をテーマとする石塚裕子氏（大阪大学）のプロジェクトに加わり、福島県いわき市でUTのツアー企画・実施に協力しました。いわきの過去・現在・未来を取り上げる三回のツアーを組み立てる中で、あらためてユニバーサルの真意を考えることができたのは有意義だったといえます。各ツアーには視覚障害者、車いす使用の肢体不自由者が複数参加しました。一般に、視覚障害者は視覚情報を得にくいので、バスによる長距離移動を伴う視察が苦手です。可能な範囲でバスを降り、自分の足で現地を歩く。風や音、においを感じながら、さわれる物は手で確かめる。これが視覚に頼らない観光の醍醐味でしょう。

それに対し、車いす使用者はリフト付きバスを利用しても、バスの乗り降りに時間と労力を要します。乗車・降車が繰り返されると、彼らの肉体的・精神的疲労を増幅させてしまうのです。視覚障害者の旅行ではガイドヘルパー（移動介助者）の手配が最重要で、それが確保できれば、ホテル、トイレなど、ハード面の心配はほとんどありません。車いす使用者の場合は、移動経路のチェック、多目的トイレの位置確認など、事前準備が必要です。

このように、同じ障害者といっても、視覚障害者と肢体不自由者の特性はまったく異なることに気づきます。視覚障害、車いすの両方の要望に応えようとすれば、結果的に両者ともに中途半端な楽しみ方しかできないことになるでしょう。「ユニバーサル＝誰もが楽しめる」を実現するのは、じつに難しいものです。いわきでの試行錯誤を通じて、さまざまな障害者のニーズに応じるツアーは、内容・規模もさまざまであり、一つにまとめるの

いわきのユニバーサルツアーにて。温泉街のまちあるきを楽しむ（2017年2月、石塚裕子氏撮影）

大震災の津波で流されたテトラポッドを触察する。表面には貝殻が付着している（2017年3月、さかいひろこ氏撮影）

は困難だと実感しました。

一方、種々雑多な障害者が同じツアーに参加することによって、プラスの効果が得られる事実も明記しておきましょう。「障害」とは、マジョリティがマイノリティに貼り付けたレッテルです。「社会的不利益を被っている」という点を除けば、各障害者に共通する属性はありません。だからこそと言うべきか、いわきのツアーは視覚障害者、肢体不自由者それぞれが自身の意見を述べ、互いの違いを知る貴重な異文化間対話のチャンスともなりました。でも、「ごちゃまぜ」のおもしろさはあくまでも副産物であり、それはＵＴの本義ではないことも忘れてはなりません。以下では、いわきでの経験も踏まえ、ＵＴを構想する三つの視座を提示しましょう。

ユニバーサルを具体化する三つの視座

1.「with」

重度身体障害者の自立支援に長年携わり、今回のいわきツアーの立案にも関わったある福祉事業所の施設長は、次のような感想を述べています。「これまで、生きることで精いっぱいだった重度障害者が旅行を楽しめる時代になったのはすばらしい」。このコメントは、重度障害者の生存権保障を願い活動してきた彼の本音でしょう。

いわゆる自立生活運動は、障害者が健常者と同じように、地域で「普通」に暮らせる環境作りをめざしてきました。自立生活の理念を敷衍すれば、障害者が健常者と同じく「普通」に旅行できるのがUTということになります。たしかに、前述したように移動経路やトイレの問題をクリアできれば、ツアーのメニューを大きく変更することなく、肢体不自由者も十分に観光を楽しめるでしょう。同様に、手話通訳者がいれば、ろう者も「普通」に旅行ができます。

ところが、視覚障害者は事情が違うのです。近代以降、「より多く、より速く」という価値観が流布し、人間の情報入手方法は視覚に依存するようになりました。観光でも「見る」ことが中心に位置づけられるようになり、視覚障害者が「普通」にツアー参加しにくい状況が生まれます。彼らが主体的、能動的に旅行を楽しむためには、必然的にツアーメニューを大幅に変更しなければならないのです。健常者（マジョリティ）が障害者（マイノリティ）を包含し、社会全体が「普通」であることを指向する。この思想を体現する語が「with」（ともに）です。「with」はユニバーサルの必須要件ですが、視覚障害者の旅行は、「with」だけでは解決できない根本的な問いを内包しているともいえるでしょう。

2.「for」

民博では二〇〇六年以来、視覚障害がある来館者の展示体験をサポートするプログラムを提供しています。各展示場のさわれる資料を選定し、視覚障害者を案内するのはMMP(みんぱくミュージアムパートナーズ)です。本プログラムは館内の教職員の協力の下、拡大・進化を続けてきました。盲学校の修学旅行等でMMPの展示ガイドを希望するケースも増えています。

MMPが担当するプログラムは、視覚障害者専用(for the blind)です。それゆえ、視覚障害者のペースでじっくり展示を体感することができます。一点ずつゆっくり丁寧に触学・触楽する視覚障害者の展示体験は、通常の健常者の見学スタイルとは異質です。MMPのプログラムは無料ですが、旅行社が販売する障害者向けツアーは、対象が限定されるため、どうしても高額となってしまいます。介助者の旅行代金の一部を障害当事者が負担しなければならないツアーも多いのです。

それでも、障害者のために運用されるバリアフリーツアーには、マイノリティが主体的、能動的に参加できる魅力があります。世間では、バリアフリーよりもインクルーシブ、ユニバーサルの方が一歩進んでいるという認識を持つ人が多数おられるでしょう。しかし、マイノリティの立場を尊重し、「for」の精神に徹するという点で、バリアフリーの視座は今後も大切にしていかなければなりません。

3.「from」

僕は「with」と「for」の不十分な点を補うのが「from」であり、この「from」こそがUTの眼目だと考えています。UTが商業ベースで成り立つためには、健常者にとっても楽しめるツアーでなければならないでしょう。旅行を通して障害者の気持ちによりそうのは大事ですが、介助の延長ではツアー参加の積極的動機とはなりません。

ここで参考となるのがユニバーサル・ミュージアムの先行事例です。「ダイアログ・イン・ザ・ダーク」（DID）は、暗闇の中で視覚障害者がアテンド役となり、健常者を案内するエンターテインメントとして、ドイツで誕生しました。視覚障害者の導きにより、健常者は暗闇で視覚以外の感覚の潜在力を発見します。第七章で紹介した兵庫県立美術館の〈つなぐ×つつむ×つかむ――無視覚流鑑賞の極意〉は、来場者がアイマスクを着けて、彫刻作品を触察する展示です。たくさんの健常者が本展に足を運び、無視覚流の意義を評価してくれました。DIDや無視覚流鑑賞は、視覚障害者発（from the blind）のユニバーサルなイベントといえるでしょう。

観光は、博物館の展示やイベントとは相違する側面も有しています。でも、「from」の視座を観光に取り入れ、ユニークなツアーを実施することは可能なのではないでしょうか。「with」や「for」の主体は健常者（マジョリティ）になりがちです。「from」（障害者発）の観光プランがどこまで健常者を引き付け、巻き込んでいけるのか。更なる実験の蓄積に期待したいと思います。「with」と「for」は、従来の法制度でもある程度規定されていましたが、「from」はまだこれからという段階でしょう。合理的配慮は、「from」を支え育てる新しい社会規範となるはずです。「from」の視座に基づくUTを定着させるためには何が必要なのか。今後の僕たちの共同研究において、しっかり理論的検討を続けていくつもりです。

ぐるっと回って「はじめに」――本書をここまで読んだ方、ここから読む方へ

「どこを見て歩いてるんだ!?」先日、電車を乗り換えるため速足で連絡通路を歩いている時、こんな罵声を浴びせられた。歩き慣れた駅だったので、僕は白杖を振り回し、かなりのスピードで階段に向かっていた。いきなり僕に体当たりされた男性も驚いたことだろう。罵声は、僕に衝突された男性が発したものである。ここで「おまえこそ、どこを見てるんだ」と言い返したら喧嘩になる。僕が歩いていたのは点字ブロック（誘導ブロック）の上である。振り向いた僕が白杖を持っていることがわかると、男性はぶつぶつ呟きながら去っていった。

世間一般の視覚障害者理解はまだまだ進んでいない、単独歩行する全盲者がいることをもっと多くの人に知ってほしい。こんな教訓めいたことを述べるだけなら、本書は福祉系の啓発書というレベルにとどまってしまう。「どこを見て歩いているのか」という問いの根底には、人間はすべて「どこかを見て歩いている」と信じる思い込み、常識がある。数

は少ないが、世の中にはどこも見ずに歩いている人が存在する。本書は、「どこも見ない」者が、「どこかを見ている」人たちに送るメッセージ集である。

偶然にも本書は僕が五〇歳になる年、大学入学からちょうど三〇年を経る年に出版される。五十にして天命を知る。天命というのは少々大げさだが、自分が何をしてきたのか、これから何をなすべきなのか、ある程度客観的に説明できるようになったのは確かだろう。今日に至るまで、僕は単著・編著など、十数冊の数の著作を刊行してきた。本のタイトル選びでは、いつも頭を悩ませる。今回、初めてタイトルに「全盲」を入れることにした。これは僕にとって進歩である。過去の著作において、僕は「この本の著者は視覚障害者です」ということを強調したくないと願ってきた。そもそも書き手がどんな人なのかということは、本の内容の評価には関係ないはずである。「この本はおもしろかった」「そういえば、著者は視覚障害者だったんだ」。こんな感想が読者から寄せられるのが理想だと考えてきた。書名に「全盲」を使わない僕のこだわりの背後には、視覚障害をマイナスに受け止める潜在意識があったのかもしれない。

それでは、なぜ本書であえて「全盲」を用いたのか。もちろん、全盲の著者が書いた本であることをアピールするつもりはない。本書を通じて、僕は「全盲」という現象を研究